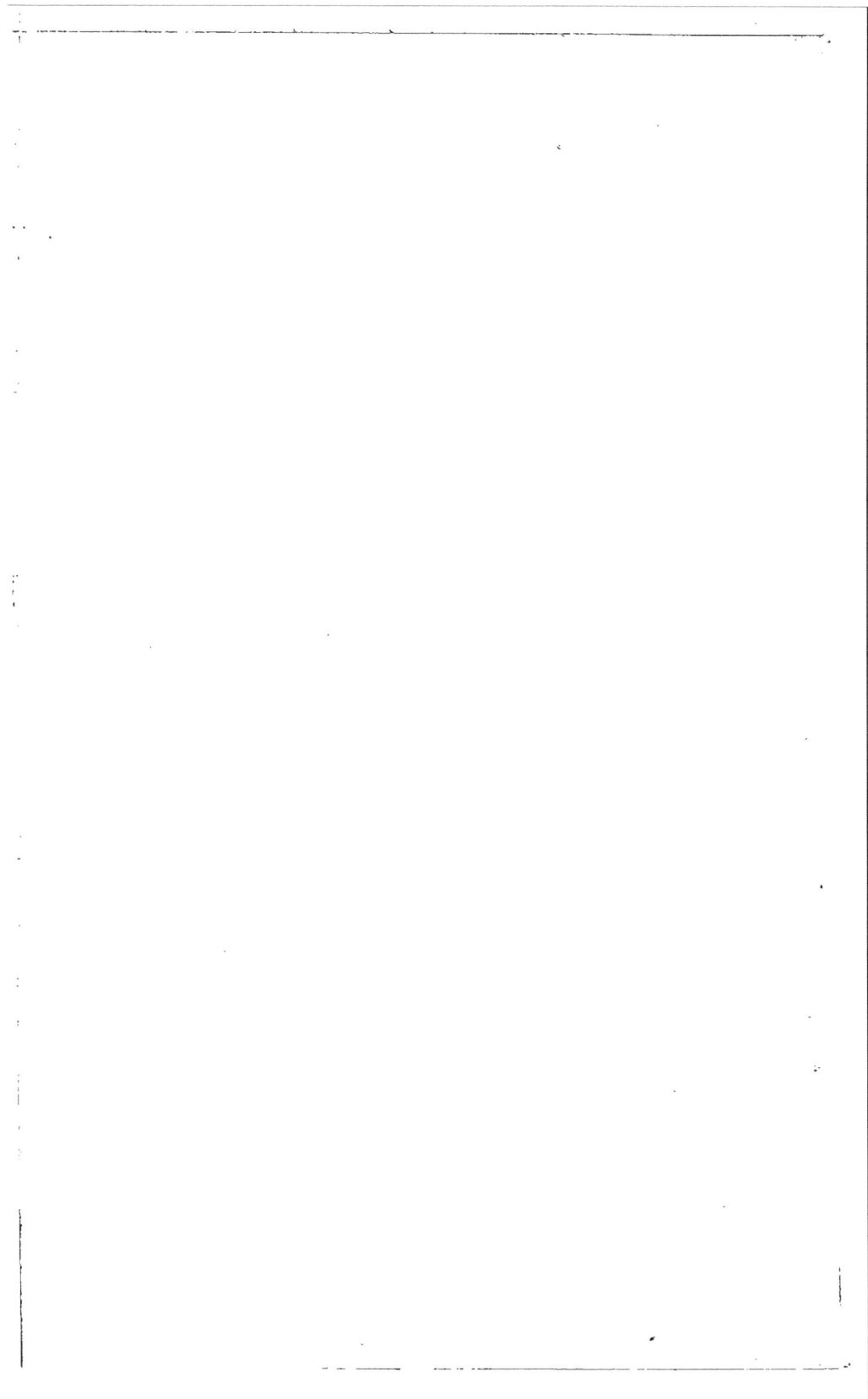

DES

MUTATIONS

de la

PROPRIÉTÉ TERRITORIALE;
DU RÉGIME HYPOTHÉCAIRE,
ET DES PROCÉDURES D'ORDRE.

ou

ESSAI
d'un Plan de Réforme sur ces diverses matières ,

combiné AVEC LA LÉGISLATION BURSALE ET LE CADASTRE , ET *formulé* EN TROIS PROJETS DE
LOIS EN CONCORDANCE AVEC LES SÉRIES D'ARTICLES DES CODES.

par

M. *Zeys*, Juge à Belfort, (Haut-Rhin).
Ancien Avocat et Avoué.

In rebus novis constituendis evidens esse debet utilitas,
ut recedatur ab eo jure quod diu æquum visum est.
L. 2. ff. de constit. princip.

A PARIS,
Chez DELAMOTTE, ÉDITEUR, place Dauphine 26 et 27 ;
ET EN PROVINCE CHEZ TOUS LES DÉPOSITAIRES DES OUVRAGES DE
JURISPRUDENCE.

—————

1844.

1846

Belfort, Imp^e de J. CLERC.

CET ouvrage est livré à l'impression tel qu'il a été trouvé parmi les papiers de l'auteur, enlevé trop tôt à la magistrature et à ses utiles travaux. Les motifs des deux derniers projets de loi proposés n'ont pas reçu tous les développements dont ils étaient susceptibles, et que l'auteur leur aurait donnés sans doute si une mort prématurée ne l'en avait empêché. Mais on trouvera exposée avec lucidité la pensée fondamentale, qui est de fixer envers les tiers, par l'enregistrement, la date des actes de mutations immobilières entre vifs. en réunissant en une seule obligation imposée aux particuliers, la double formalité de l'enregistrement et de la transcription et d'établir une corrélation plus intime entre les immeubles, le plan cadastral et les titres, en resserrant les rapports qui existent entre les administrations des contributions directes, de l'enregistrement et du cadastre. Ce projet, mérite de fixer l'attention des hommes sérieux que préoccupe l'amélioration du régime hypothécaire; il se distingue de tous les projets produits jusqu'à ce jour, parcequ'il laisse subsister dans son intégrité le système des hypothèques établi par le Code civil, et parce que sa réalisation n'exige aucun de ces remaniements de services administratifs qui semblent si simples aux novateurs et dont néanmoins le moindre inconvénient est de ne pouvoir s'adapter, sans y jeter une profonde perturbation, aux rouages des administrations actuellement existantes.

L'auteur de cet opuscule n'a été guidé, en le composant, que par le désir de concourir à la révision d'une législation dont l'expérience des affaires lui avait démontré l'imperfection; c'est pour honorer sa mémoire, et continuer son œuvre, que sa veuve publie cet écrit.

Aucune des crises antérieures à 1789 n'avait dépassé les limites de l'ordre social et religieux du moyen-âge, et cet ordre la grande révolution l'a renversé. Des événements aussi graves ne se produisent, dans le cours des siècles, qu'à d'immenses intervalles, et lorsqu'ils s'accomplissent, selon les vues providentielles, ils assurent d'ordinaire, aux nations régénérées, un nouvel avenir de grandeur et de prospérité.

L'édifice social, élevé en France sur les ruines de l'ancien, se consolide de plus en plus, et les institutions modernes ont atteint ce degré de maturité, où il y aurait folie de les remanier sans cesse, en vue d'une perfectibilité chimérique, plutôt que d'accepter l'imperfection des choses humaines. Cependant il reste de nombreux travaux d'organisation à accomplir; il reste, comme l'a dit à la tribune un illustre homme d'état, des matières où la puissance publique n'est pas suffisamment coordonnée avec les libertés individuelles, et d'utiles réformes doivent pénétrer dans la sphère si longtemps délaissée du droit privé.

En s'engageant dans cette dernière voie, on doit applaudir néanmoins à la résolution du gouvernement de procéder avec une sage lenteur. Car les lois civiles se tiennent toutes par des liens souvent invisibles, le droit hypothécaire en particulier, qui préoccupe tant les esprits, se lie si intimement aux différentes branches de la législation, que l'on ne saurait toucher à l'une sans s'occuper des autres. Puis, en abordant les faits nombreux qu'il s'agit d'élucider, on est constamment en présence d'intérêts respectables, difficiles à concilier, rendant l'œuvre de la réforme, tantôt désirable ou nécessaire, tantôt inutile ou dangereuse.

La constitution de la propriété territoriale servant de frontispice à la classification si méthodique des documents, publiés par ordre de M. le Garde-des-Sceaux, sur le régime hypothécaire, il jaillit de cette publication la démonstration complète d'une vérité, qui faisait depuis longtemps le sujet de nos préoccupations. Nous voulons parler de l'indispensable nécessité d'assurer la régularité dans les mutations, c'est-à-dire dans les divers modes de transmettre la propriété ou l'usufruit des immeubles, avant qu'il soit possible d'entreprendre une réforme fructueuse du régime des privilèges et des hypothèques. Mais alors on entre dans une carrière nouvelle, bien autrement large que celle où se meut ce régime qui, à bien prendre, ne concerne que des contrats accessoires et des actes subordonnés à la bonne assiette de la propriété. Effrayé de la grandeur des questions à résoudre, l'esprit a besoin de mesurer les limites d'un si vaste horison, et d'assigner une borne à ses propres investigations, de peur de s'égarer sur une route trop aventureuse.

Pour juger d'une manière générale de l'opportunité d'une réforme, il faut peser au préalable l'importance sociale des intérêts qui semblent la provoquer. Sous ce rapport, il est nécessaire de distinguer trois sortes d'intérêts. Si l'on considère les intérêts *anciens*, les lois destinées à les protéger ou tombent d'elles-mêmes, dès qu'on cesse d'en réclamer l'application, ou confèrent des privilèges intolérables, alors qu'on les invoque pour ressusciter le passé. Elles devraient disparaître du bulletin des lois, comme des superfétations inutiles ou des obstacles au développement de la prospérité publique. Les intérêts *actuels*, que le passé nous a légués vivaces, ne demandent d'ordinaire qu'à conserver la protection dont ils ont joui sans interruption. Par la révision des lois, quelque circonspecte qu'elle soit, ils ont peu à gagner; le plus souvent le radicalisme des réformes les compromet. Quant aux intérêts *nouveaux*, que diverses circonstances et notamment la marche ascendante de la civilisation font naître, comme ils n'ont pas leur place assignée à côté des intérêts préexistants, leur mouvement est désordonné; dépourvus de garanties légales, ils agitent la société jusqu'à ce qu'ils obtiennent une part équitable dans la protection de la loi.

Il faut faire ensuite une distinction, directement applicable à la matière qui nous occupe, entre le droit des conventions et la loi spéciale de la propriété. Le premier, en effet, repose sur des principes immuables de morale et de justice; ses maximes fondamentales sont les mêmes dans toute association humaine; ses règles usuelles se forment d'elles-mêmes, suivant la diversité des faits et des contrats, et ne sont point sujettes à de graves variations, si ce n'est quant à de certaines formes, touchant plus à la preuve qu'au fond même des obligations. Aussi le droit des conventions existe, avant d'avoir reçu de la loi positive une consécration parfois surérogatoire. C'est à cette partie du droit qu'il faut appliquer, ce que M. de Savigny, le chef de l'école historique d'Allemagne, a énoncé d'une manière trop absolue, en affirmant que le droit de chaque peuple est aujourd'hui ce qu'il était hier; qu'il ne diffère que peu de ce qu'il fut dans les siècles précédents; qu'à l'instar du langage, il se développe à la fois spontanément et fatalement, sans l'appui, à l'insu, souvent contre la volonté du législateur. Ce n'est point ainsi que se développa le droit de propriété. A la vérité, il ne mériterait pas la qualification de droit, s'il ne portait aussi l'empreinte de ces principes d'éternelle justice, gravés dans notre cœur en caractères inaltérables; mais cet élément immuable n'y prédomine point comme dans le droit des conventions. C'est qu'en conduisant aux richesses et au pouvoir, la possession du sol fut, de tous temps, l'objet d'ardentes convoitises. Les passions humaines suscitèrent des luttes incessantes dans l'espoir de conquérir la propriété par la puissance et la puissance par la propriété. La voix de la justice fut souvent méconnue. En place de principes immuables, inflexibles, s'accréditèrent des maximes variables et plus commodes. La loi civile de la propriété subit l'influence et le joug de la loi politique et en partagea la destinée. Plus d'une fois elle essuya des changements du tout au tout; toujours elle suivit dans ses variations les vicissitudes sociales. (1).

Dans les circonstances extraordinaires qui se firent jour vers la fin du dernier siècle, la société a voulu rompre les chaînes qui la liaient au passé, et elle crut, sans s'écarter de sa route providentielle, pouvoir déplacer les héritages et les privilèges attachés au sol. (2). Une œuvre aussi gigantesque ne put s'effectuer sans précipitation et sans violence. A prétexte que ce serait porter atteinte au droit de propriété et à la liberté des conventions, qui voudrait sérieusement contester à la société nouvelle le droit de régulariser sa position, tout en respectant les faits accomplis ? Le droit d'amender la constitution actuelle de la propriété, par la détermination plus exacte de ses rapports flottants entre le droit public et le droit privé, et par la salutaire limitation de droits absolus, trop abusifs ?

On sait qu'avant le partage et l'aliénation des biens communaux, avant la confiscation des immenses propriétés du clergé, des corporations et des émigrés, les terres étaient compactes entre leurs confins naturels et frappées en grande partie d'inaliénabilité. Le code civil s'est associé à la pensée politique qui, après avoir fait rentrer dans le commerce, voulut diviser les domaines, que le privilège et la main-morte avaient accumulés. Il aurait suffi de l'abolition des substitutions et du retour à l'égalité dans les partages pour amener la subdivision : elle fut précipitée par une plus grande assimilation des biens-fonds aux choses mobilières. Il fut permis d'user de la propriété des uns presque aussi librement que de celle des autres. Tandis que les donations mobilières ou immobilières furent assujetties indistinctement à la forme gênante et coûteuse des actes authentiques, une égale facilité fut accordée par le code civil dans la vente des meubles et des immeubles ; ces derniers se transmettent par la seule volonté des contractants, sans tradition, ni transcription obligatoire, dans la forme expéditive du seing-privé, que le développement de l'instruction primaire tend à vulgariser. Ces innovations successives eurent d'abord d'excellents résultats. Par une heureuse coïncidence, l'industrie et le commerce, à leur tour, avaient été dégagés d'anciennes entraves; une portion notable de leurs épargnes fut consacrée à l'acquisition de biens-fonds ; tous les genres de progrès reçurent une impulsion puissante par la diffusion des richesses mobilières et immobilières. Ce fut sans doute le meilleur des résultats, qu'entre l'aristocratie et le prolétariat d'autre fois, il se forma une nou-

(1). Voyez l'introduction du bel ouvrage de M. Edouard Laboulaye, sur l'histoire du droit de propriété foncière en Occident.

(2). Voyez le discours posthume de Mirabeau sur le droit de succession.

velle classe de citoyens , cette classe moyenne appelée à concilier les intérêts contraires , à les fondre dans l'intérêt national et à donner à l'avenir de la société des gages certains d'ordre et de liberté , de stabilité et de progrès. Néanmoins en toutes choses l'abus est près de l'usage, la licence près de la liberté. Le parallélisme de certains faits le dénote clairement. La terre fut affranchie et se divisa fructueusement , au moment où l'homme se détacha de la glèbe , et cessa d'être parqué dans des castes qui faisaient un privilège du travail et de l'industrie. Mais qu'est-il arrivé depuis ? Ce qui dans l'origine fut un grand bien dégénéra par l'abus et la licence. Le droit absolu du citoyen de circuler et de fixer sa résidence où bon lui semble, ainsi que la liberté illimitée du travail professionnel et industriel , ont ouvert une large carrière , l'un au vagabondage , l'autre à une désastreuse concurrence ; tous deux aident à corroder l'agrégation alvéolaire des communes, et à fomenter la lèpre du paupérisme. Porte-t-on ses regards vers la propriété territoriale, des aberrations similaires vous frappent : elles dérivent de la manière dont le propriétaire use de ses droits ou profite de sa liberté. Qu'il y ait là une cause première de l'état actuel de souffrance de l'agriculture, de la dépréciation des petits héritages et de l'anéantissement du crédit foncier, c'est du moins ce que nous nous efforcerons d'établir.

C'est un fait nouveau, sans analogue dans le passé, qui se manifeste par le morcellement des terres, l'instabilité de la possession, et d'incessantes aliénations d'héritages , devenus microscopiques à force de démembrements. L'existence du fait, le caractère de généralité qu'il a revêtu, la rapidité de son développement, la continuité de son action est incontestable : c'est une sorte de mobilisation du sol, qui semble jeter du doute sur la fixité que le créateur a imprimée à la nature, et ne vouloir s'arrêter qu'aux dernières limites du possible. Dans le sens que nous attachons aux mots, cette mobilisation excessive mérite l'attention spéciale du législateur ; elle deviendra menaçante pour l'ordre social, si à ses débordements on n'oppose point une barrière infranchissable.

Pour se faire une juste idée de la perturbation que ce fait a amené dans toutes les transactions, pivotant sur la propriété foncière , il est nécessaire de jeter un coup-d'œil sur l'état actuel des *immeubles* et des *titres* qui s'y rapportent. Car si la législation, qui préside à la transmission de la propriété, apparaît aujourd'hui insuffisante et incomplète; si le régime hypothécaire , qui longtemps fonctionnait sans trop d'embarras, est frappé à cette heure d'une réprobation unanime ; si enfin certaines lois de procédures et de finances pèsent d'un poids trop lourd sur le propriétaire et le contribuable, on peut sans hésiter dire que c'est à ce fait unique qu'il faut l'attribuer.

En ce qui touche les immeubles, ils subissent toutes sortes de transformations par le défrichement, la variété des cultures , les changements de destination. On les divise, on les morcelle , dans l'espoir d'augmenter la concurrence des fermiers et des acheteurs, sans constater leur configuration nouvelle par des plans, leur contenance par des arpentages, ou leurs limites par des pierres-bornes. L'imprévoyance des propriétaires et des communistes est poussée au point que les champs de culture sont déchirés en lambeaux irréguliers, dont la contenance descend à un are, parfois à moins de cinquante centiares, (1) de telle sorte que le tour de charrue devient impossible, qu'il ne reste plus d'accès à la voie publique, que des contestations ruineuses surgissent de l'enclave *volontaire* et de l'empiétement *forcé* sur les propriétés contiguës. C'est ainsi que le sol, jadis si compacte, s'annihile pour ainsi dire et que ses possesseurs actuels deviennent victimes de leurs propres excès.

Un pareil état de choses exerce une influence pernicieuse sur les titres de propriété, car il rompt la corrélation entre les immeubles et ces titres. On se heurterait contre l'impossible en s'efforçant, dans un acte déclaratif ou translatif de propriété, de décrire ces parcelles confuses, n'ayant, à défaut de bornes, d'autres indicateurs des limites, que les sillons mobiles que décrit la charrue ou la différence non moins changeante des cultures. Puis, au lieu de chercher à remédier à cette confusion, autant qu'il est en eux, l'incurie des parties ou du rédacteur de l'instrument va parfois si loin qu'il n'est donné aucune indication de limites ou de contenance ; d'autres fois cette omission est intentionnelle, afin que l'identité ou l'intégralité des parcelles échappe aux investigations des créanciers et du receveur d'enregistrement.

Abstraction faite de cet obstacle fondamental à la régularité des titres, par le rapprochement et la succession des actes, la filiation exacte des possesseurs d'un domaine devrait être aussi solidement établie que l'état civil des familles. Cependant de nos jours il est rare que l'établissement de la propriété des petits héritages remonte aux dix dernières années. La raison principale en est que les gens peu aisés, effrayés de l'élévation des tarifs, cherchent, quoiqu'il advienne, à faire des économies sur les frais. Effectivement, la confection des inventaires, les partages, les aliénations, les formalités de justice, donnent ouverture à des vacations, des salaires, des droits fixes d'enregistrement, qui paraissent insignifiants dans les grandes villes et au regard des grands domaines, mais qui sont écrasants dans le hameau et au regard du petit domaine. Ajoutez, qu'indépendamment des droits fixes, il y a des droits proportionnels et des remises, qui augmentent à mesure que l'importance des immeubles diminue. Aussi les inventaires ne sont dressés qu'en cas de nécessité absolue; dans mainte succession ou communauté, les immeubles, comme les meubles, se partagent sans qu'on ait recours

---

(1). Au 10e congrès scientifique, réuni à Strasbourg, la section d'agriculture a émis, à l'unanimité, l'avis que la division de la propriété est utile, mais que le morcellement doit être déclaré nuisible et prohibé au-dessous de 10, 15 ou 20 ares.

à l'écriture; d'où il suit que la propriété des biens patrimoniaux ne se prouve que par le plus ou le moins de durée d'une possession longtemps indivise, toujours équivoque. Qu'on rencontre une constatation écrite des partages et des aliénations, tantôt l'incapacité de contracter de l'une des parties a été dissimulée, tantôt les majeurs se sont portés fort au nom des mineurs, pour éviter l'observation des formalités de justice. Puis les seings privés sont l'objet d'une prédilection marquée, parce qu'ils épargnent, comme on dit vulgairement, du temps et de l'argent. On voit y recourir des gens, sachant à peine tracer les lettres principales de leur nom, ou apposant une croix, une marque quelconque, en guise de signature. Ces actes sortent d'ordinaire de la plume d'hommes sans instruction, s'égarent entre les mains de l'artisan et du campagnard illettré, et présentent le sérieux inconvénient de priver la transmission de la propriété foncière de la garantie d'authenticité, que le code civil a pourtant jugée nécessaire à l'égard de l'hypothèque qui repose sur cette propriété. Par la dénégation d'une signature, l'exécution de l'acte est donc paralisée, et la certitude de la mutation, comme l'efficacité des hypothèques consentis par le nouveau propriétaire, sont subordonnées au résultat d'une longue et chanceuse procédure en vérification. Ce n'est pas tout. L'acte demeure souvent imparfait, en ce sens que la date et le nom de l'acquéreur restent en blanc, afin que les délais d'enregistrement ne courent point et qu'ils soit loisible de soustraire au fisc des mutations ultérieures. La date n'est remplie, le nom et la signature de l'acquéreur ne sont ajoutés par lui, ou par un acquéreur subséquent, que lorsqu'il y a nécessité de produire le titre en justice, ou de l'opposer à des personnes non réputées les *ayant-cause* des parties contractantes. Qu'on se garde néanmoins de croire que, si les actes sous seings privés donnent lieu à des abus particuliers, il ne s'en rencontre également de fort graves dans les actes notariés. De certains notaires se prêtent avec une déplorable facilité à l'*antidate*, abusant ainsi du pouvoir exorbitant, que la loi du 25 ventôse an XI leur a octroyé, d'assurer la date des conventions, en même temps qu'ils impriment l'authenticité au titre. (1). Cet abus est d'autant plus compromettant pour la sécurité publique, que l'acquéreur évincé ou le créancier lésé, par l'effet d'une fausse date, sont dans l'impossibilité d'administrer la preuve du faux, le notaire prévaricateur ayant grand soin de procéder en l'absence d'un collègue et de témoins. (2).

---

(1). L'antidate se pratique communément dans les limites assez larges du délai d'enregistrement, quelque fois elle le franchit. La jurisprudence a consacré, nonobstant l'énergique résistance de MM. Merlin et Grenier, ce point de doctrine, que les lois subséquentes ont implicitement abrogé l'article 9 du décret du 5 décembre 1790, aux termes duquel, à défaut d'enregistrement dans les délais, un acte notarié ne valait que comme acte sous seing privé.

(2). La loi du 24 juin 1843, qui a sanctionné cet usage, ne contient aucune exception favorable à la propriété foncière.

Qu'au surplus on se demande ce qui inficie le plus la valeur intrinsèque et extrinsèque des titres de propriété? Il faut répondre sans hésitation que c'est l'incertitude générale des dates et la clandestinité. Si, dans l'application des articles 711, 938, 1138 et 1583 du code civil, on recherche le moment où la propriété d'un immeuble a été transférée par l'effet d'un contrat, on rencontre d'abord la date que les parties assignent arbitrairement à la convention par le titre qui doit la prouver. Par cette date se trouve liée une certaine classe de personnes, comprise sous l'appellation des *ayant-cause,* que la loi distingue des *tiers;* mais la distinction est trop subtile et trop arbitraire, pour que la doctrine parvienne jamais à établir une ligne de démarcation bien tranchée, bien pratique, entre des personnes qui, selon le point de vue où l'on est placé, apparaîtront tantôt comme des tiers, tantôt comme des ayant-cause. A l'égard d'un plus grand nombre de personnes, le même immeuble sera censé avoir passé en d'autres mains, à la date fortuite où l'un de signataires du titre sera décédé, ou à la date de l'enregistrement (article 1328). En cas d'adjudication faite devant le tribunal, la propriété sera transmise à la date du jugement; elle le sera à la date souvent fausse de l'instrument, si les parties ont comparu devant notaire. Envers de certaines personnes, et dans les cas prévus par les articles 941 et 1070, la propriété n'est cependant transférée qu'à la date de la transcription de l'acte au bureau de la conservation des hypothèques, quoique la convention ait déjà acquis de la fixité, si non par la déclaration de date du notaire, du moins par l'enregistrement ou le décès de l'une des parties. C'est aussi une chose assez bizarre, qu'outre la mutation civile, qui a des dates si divergentes, on ait à tenir note d'une mutation bursale, tout-à-fait distincte de la première, prenant date de l'inscription à la matrice du rôle de la contribution foncière. Ainsi les titres ne fixent point uniformément le jour de la transmission de la propriété; par l'inexactitude de leurs dates et la variété des personnes, auxquelles ils sont ou ne sont pas opposables, ils entravent nécessairement la publicité. Quant à cette publicité, que l'on ne devrait point séparer de la fixité des dates, il faut dire qu'elle n'existe pas dans la réalité, pas même à l'égard des aliénations à titre gratuit, pour lesquelles la transcription est obligatoire. Car il est à remarquer que les conservateurs des hypothèques n'ont qu'une registrature chronologique et alphabétique, aussi bien pour la transcription des actes d'aliénation que pour l'inscription des charges hypothécaires. Ils n'ont point de registres ressemblant aux livres de section, où se trouvent décrits les immeubles dans l'ordre de leur situation dans la commune et dans ses subdivisions; de façon que ces fonctionnaires sont hors d'état de rattacher les transcriptions et les inscriptions, au moyen d'annotations, à l'individualité des parcelles décrites. Le public doit indiquer aux conservateurs, pour obtenir d'eux extrait de la transcription d'un contrat d'aliénation, précisément ce qu'il ignore la plupart du temps, c'est-à-dire les noms des aliénataires et des acquéreurs. De même, pour obtenir le certificat des inscriptions hypothécaires, on se prévaudrait en vain de l'article 2198 , si dans la réquisition on ne signalait point au conservateur les noms des personnes, à l'encontre desquelles les inscriptions ont été prises. (1). De cette absence de publicité il résulte qu'il n'y a aucun moyen légal d'apprendre si le caractère d'un immeuble a changé, si par exemple il est devenu dotal, s'il est resté indivis ou s'il a été attribué dans un partage à un communiste. Chose plus grave, il n'y a jamais de certitude que celui qui se dit propriétaire, en vertu d'un partage, d'une donation ou d'une vente n'a pas, par un acte d'une date certaine antérieure, déjà aliéné l'immeuble une première fois ou, s'il est de bonne foi, que pareil stellionat n'a pas été commis par l'un de ses devanciers.

De pareilles anomalies déparent trop la législation pour ne pas faire naître le désir qu'elles soient promptement effacées. Mais, il est bon d'en faire la remarque, l'intervention législative n'a été rendue vraiment urgente que par le morcellement des terres et la fréquente aliénation des parcelles morcelées ; car c'est là ce qui augmente, dans une progression effrayante, le nombre des victimes de mutations irrégulières et occultes. La situation est grave et mérite d'être approfondie. Choisissons donc un exemple qui permette de pénétrer plus avant dans l'actualité des faits et de former le faisceau de ceux qui font saillie : on jugera mieux de la fausse position, pour ne rien dire de plus, dans laquelle se trouvent placés et le propriétaire foncier et ceux qui traitent avec lui, soit pour acheter ses terres, soit pour lui avancer des capitaux.

En prenant un terme moyen, dans nos communes rurales la fortune du cultivateur ne dépassera guère un hectare de terres, dispersées dans son village et les banlieues circonvoisines, outre une chétive habitation et un insignifiant mobilier, le tout d'une valeur approximative de quatre mille francs. Avec ce faible avoir, notre petit agriculteur, dont les besoins sont si bornés, subviendra amplement à l'entretien de sa famille; bien mieux, il jouira d'une sorte d'aisance relative, surtout s'il parvient à donner plus d'extension à l'exploitation rurale, en affermant quelques terres. Quel sera néanmoins son sort dans l'hypothèse où, pour reconstruire sa cabane, faire des travaux d'amélioration, réparer les désastres de la grêle et de l'épizootie, une centaine d'écus lui sont nécessaires ? Supposez que, pour se procurer cette petite somme, il prenne la résolution d'aliéner une parcelle de terre ; il devrait justifier qu'il en est le vrai et incommutable propriétaire. Or, on a vu que cette justification est impossible. Tant bien que mal, il n'en

---

(1). L'administration générale de l'enregistrement a, dans une dissertation insérée dans son dictionnaire, parfaitement bien établi que cet article est inexécutable. Voyez au mot *hypothèque* T. II, p. 144 de la 2ᵉ édition.

faudra pas moins procéder à la régularisation tardive et d'autant plus coûteuse des titres de propriété, pour la période des trente dernières années. Ce sera pour lui un premier mécompte fort sérieux. Dans l'impuissance de rassurer l'acheteur contre toute chance d'éviction, de lever ses doutes sur l'identité, la contenance et la valeur de l'immeuble non aborné qu'il met en vente, il n'obtiendra qu'un prix fort inférieur à sa valeur réelle, à moins qu'il ne soit en état de fournir caution ou une hypothèque de garantie sur le surplus de ses propriétés. Second mécompte. Pour peu que l'acquéreur soit éclairé sur le danger de sa propre position, le marché ne sera conclu qu'à la condition que la somme nécessaire pour purger l'immeuble de charges occultes, (on n'est jamais sûr qu'il n'y en ait pas), sera déduite du prix d'acquisition. Cette procédure absorbera à elle seule la valeur d'une parcelle de plusieurs ares. Troisième mécompte pour le vendeur. En fin de compte, pour réaliser trois cents francs, il faudra immanquablement résigner des immeubles d'une valeur double. Il semble dès lors naturel qu'un bon père de famille renonce à tout projet d'aliénation et qu'il avise à un emprunt hypothécaire, que l'utile emploi des sommes prêtées et un redoublement de travail et d'économie lui permettraient de rembourser par annuités. Pure chimère : il tombera de Charybde en Scylla. Les exigences du prêteur, quant à la régularisation des titres de propriété, vont plus loin que celles de l'acheteur, parce qu'il lui est interdit, à l'imitation de ce dernier, qui spécule sur le bon marché des immeubles, de transformer le prêt à intérêt en contrat aléatoire, en stipulant de gros intérêts ou en retenant sur le capital prêté une somme proportionnée aux risques dont il est menacé. Il demandera, outre la production de nombreuses pièces justificatives, que la constitution d'hypothèque embrasse l'universalité des biens du débiteur, quelque faible que soit le capital prêté; il ne consentira à aucun remboursement partiel et se réservera, s'il est prudent, la faculté de rentrer dans ses avances, après un avertissement de trois mois, quelquefois dès la première année. Cette clause est mise à profit par le créancier, si l'emprunteur lui inspire le moindre soupçon, ou s'il se présente un placement plus avantageux. Si l'on suppute ce qu'il en coûte pour établir la propriété, la consolider à l'égard de chaque immeuble et formaliser l'obligation, puis ce qu'il faudra rembourser, après la courte jouissance d'une partie seulement du capital emprunté, on ne doit pas s'étonner que le petit propriétaire, plutôt que de souscrire à de pareils sacrifices, se jette volontairement dans les bras de l'usurier, si tant est qu'il n'en devient pas forcément la victime, dans l'impuissance d'effectuer un emprunt hypothécaire. (1). Il est difficile en effet que l'usure la plus ef-

(1). L'usure est plus fréquente qu'on ne croit dans les campagnes, parce qu'elle répond à une nécessité. Elle est dissimulée adroitement dans des reconnaissances, causées confusément pour prêt d'argent et prix d'objets vendus, dont le prêteur-vendeur exagère la valeur.

frénée soit plus lésionnaire qu'un contrat, par lequel on s'engage à payer les intérêts à 5 0/0 d'un capital de 600 francs remboursable à première demande si, décompte fait, il est arrivé qu'on n'a pas touché la moitié de cette somme des mains du notaire instrumentaire. Du moins l'usure n'appelle pas la publicité sur les embarras du propriétaire foncier et n'est pas immédiatement destructive de son crédit, comme l'affectation hypothécaire de l'universalité de son avoir immobilier. Ayant à peine, à force de mécomptes et de pertes, pu desservir par son labeur les intérêts, lorsque l'heure du remboursement a sonné, au moment où il y était le moins préparé, il s'aperçoit trop tard que le sacrifice eût été moindre si, dès le principe, il eût aliéné à tout prix une parcelle de terre. Car les sacrifices augmentent, s'il s'agit de trouver un second, un troisième prêteur, pour rembourser le premier. Il viendra un temps où forcément il devra vendre, non quelques immeubles, mais tous ceux qu'il a hypothéqués, c'est-à-dire, à peu près ce qu'il possède sous le le soleil. Est-il de mauvaise foi ou se fait-il illusion sur les dangers de sa position? Il retardera sa déconfiture, en ruinant son créancier. C'est qu'il est facile, *ex post facto*, d'anéantir la garantie hypothécaire reposant sur un hectare de champs éparpillés. Elle est réduite d'une manière détournée par la survenance d'autres créanciers hypothécaires, parfois simulés, dont le concours, dans les procédures de saisie, de purge et de collocation, grossit considérablement les frais privilégiés. Le débiteur concède des baux onéreux, touche par anticipation les fermages, dégrade les immeubles et opère des démembrements ou aliénations partielles et successives. Il reste, en ce dernier cas, dans la stricte légalité, tout en consommant la déperdition infaillible du gage. En recherchant ce gage entre les mains de nombreux tiers-détenteurs, le créancier doit s'attendre à ce que ceux-ci procéderont à de nouveaux démembrements, à de nouvelles aliénations. Les prix de vente sont diminués par chaque purge ou collocation séparée et ne figurent jamais en totalité dans les titres d'aliénation. Au moyen d'un accord frauduleux, qui profite au vendeur comme à l'acquéreur, le premier trompe ses créanciers et le second trompe le fisc. La fraude s'enhardit, à mesure que les immeubles s'amoindrissent, par ce que d'une part les investigations des receveurs d'enregistrement seraient trop minutieuses pour qu'on eût à redouter leur continuation, que d'autre part ce serait un acte de folie du créancier de tenter une surenchère. Cette procédure coûterait plus que la différence entre la valeur réelle de l'immeuble et le prix de vente déclaré, autant que l'immeuble entier, s'il est minime. Admettons que la division et la subdivision du gage laissent subsister quelques débris des prix d'aliénation, il faudra s'adresser à de pauvres gens, que le bon marché et l'exiguïté des parcelles ont alléchés, lutter contre les insolvables et consumer en frais d'expropriation et de distribution le chétif produit d'un gage dispersé.

En résumé, la position des petits propriétaires, qui forment la classe la plus nombreuse, est celle-ci : ils ne vendent jamais, comme les riches, les immeubles à leur juste valeur. S'ils parviennent à réaliser un emprunt hypothécaire, les conditions, auxquelles ils sont obligés de se soumettre, sont tellement rigoureuses, qu'elles mènent fatalement à l'aliénation complète de leur avoir et à la déconfiture. Quant aux capitalistes, il sera rare que leur argent n'aille pas s'engloutir dans un commun naufrage.

C'était peut-être en se préoccupant, outre mesure, de ce dernier résultat, que de bons esprits se sont mépris sur les causes d'une situation aussi déplorable et l'ont attribué de préférence aux vices du régime hypothécaire, introduit par le code civil. (1). Ne ressort-il pas évidemment du tableau, sans doute imparfait, qui vient de se dérouler devant le lecteur, que la cause efficiente du mal n'est autre que la vicieuse constitution de la propriété ou, pour être moins vague dans l'expression, l'irrégularité dans les modes de partager et de transmettre cette propriété? Il tombe sous le sens que, le droit de propriété manquant de solides racines dans le sol, les droits qui dérivent du contrat hypothécaire ne s'y appuieront pas avec plus de succès. Par suite du morcellement il est arrivé que l'immeuble même, sans lequel on ne saurait concevoir ni droit de propriété, ni tout autre droit réel, s'est effacé et détaché en quelque sorte des titres. Les immeubles s'amoindrissant et l'aliénation d'immeubles amoindris devenant plus fréquente, la législation, qui a favorisé ce résultat, aurait dû, avec d'autant plus de soin, introduire de la régularité dans les mutations; c'eût été l'essentiel. Loin de là, les an-

(1). L'illustre et regrettable Casimir Perrier a propagé cette erreur par la prime de 3000 francs, qu'il a destinée, en 1827, à l'auteur du mémoire qui indiquerait les améliorations à introduire dans le système hypothécaire. « Depuis long-temps, » (écrivit-il aux journaux le 5 février 1829), tous ceux qui s'intéressent à la » prospérité sociale, s'affligent d'en voir le développement entravé *par les vices de* » *notre système hypothécaire*, dont les principaux effets sont d'éloigner les capitaux des prêts sur immeubles et de maintenir la disproportion considérable et » fâcheuse qui existe entre l'intérêt dans les emprunts sur la propriété, et celui » que présentent les autres opérations de même nature. Le commerce et l'agriculture réclament également dans cette partie de notre législation des améliorations » qui permettent d'étendre le crédit, dont l'un et l'autre éprouvent un si grand » besoin, en l'assurant sur la base à la fois la plus large et la plus solide, sur la » valeur immense du sol.» Entre autres légistes qui s'engagèrent dans une fausse voie, on peut citer M. Decourdemanche, dont l'opuscule a eu quelque retentissement et reçu les honneurs d'une seconde édition. Il est intitulé : *Du danger de prêter sur hypothèque et d'acquérir des immeubles, ou vues d'améliorations du régime hypothécaire et du cadastre combinés entre eux.* Ce titre à lui seul fait pressentir que l'auteur est sorti du vrai, parce qu'il s'est préoccupé du danger de prêter, avant d'avoir recherché les causes du danger d'acquérir et qu'il s'est efforcé de combiner le cadastre avec les hypothèques, au lieu de faire servir le cadastre à la régularité des mutations de propriété.

ciennes garanties de la propriété ont disparu les unes après les autres ; celles qui devaient les remplacer méritent à peine ce nom.

Anciennement il s'élevait rarement des doutes sur l'identité d'un immeuble. S'agissait-il d'en transmettre la propriété? Il fut un temps où l'occupation matérielle produisait seule cet effet : la convention n'en produisait aucun. Sortie de l'état de barbarie, la société romaine fut amenée naturellement à reconnaitre, à côté de la propriété qui dérivait de la possession, celle qui prenait sa source dans la volonté des parties contractantes. « *Quid enim* (1) *tam conveniens est naturali æquitati, quam voluntatem domini volentis rem suam in alium transferre ratam haberi.* » Mais ce ne fut point une inconséquence, comme le prétend M. Toullier (2), de la part des jurisconsultes romains, d'avoir reconnu la force de la stipulation, et d'avoir néanmoins voulu qu'elle fût appuyée et suivie de la prise de possession effective ou feinte. (3) A ce moyen, le moment où la transmission de la propriété était réputée accomplie ou consommée, se trouvait précisé envers tout le monde. Ce moment unique était dans la même minute rendu sensible par des actes extérieurs et matériels, qui frappaient les sens et se gravaient dans la mémoire. Gardons nous de traiter avec mépris une législation, sous l'empire de laquelle il ne s'élevait d'incertitude, ni sur l'identité des immeubles, ni sur la date de la transmission de la propriété, et qui assurait à cette dernière une publicité réelle et instantanée. C'était un triple avantage qu'il faut reconquérir, non par un retour impossible à la législation ancienne, mais par des règles équivalentes, appropriées aux faits actuels et à l'ensemble de la législation moderne. L'idéalité d'une convention, ayant pour objet la translation de la propriété d'un immeuble, doit nécessairement se traduire en titre, pour qu'elle puisse produire des effets, tant à l'égard des parties contractantes, que vis-à-vis de toute personne, profitant ou pâtissant de la convention, directement ou indirectement. Le titre, qui prouve la convention, doit s'appliquer à la chose d'une manière non équivoque ; il doit arriver à la connaissance de tous ceux qu'il peut intéresser. Pour opérer une réforme utile, il faudrait donc, avant tout, trouver le moyen de saisir l'individualité des immeubles, quelque défigurés et morcelés qu'ils fussent, et de suppléer d'autorité, par une active surveillance, à l'incurie des propriétaires qui négligent l'arpentage et le bornage. Puis il importerait de prévenir l'exagération des subdivisions, dont la constatation deviendrait de jour en jour plus difficile. De la sorte la corrélation entre le titre et l'im-

(1) L. 9. § 3 *ff de acquir. rerum dom.*
(2) Voyez Droit civil T. 4. § 57 et suiv.
(3) Traditionibus.... dominia rerum non nudis pactis transferuntur. L. 20 Cod. de pact.

meuble pourrait être rétablie. Au titre il ne resterait qu'à donner une date authentique, invariable et publique.

Il n'y a point à s'effrayer de la hardiesse des innovations que ces vues introduiraient dans la législation ; car elles profiteraient aux vendeurs comme aux acquéreurs d'immeubles, aux emprunteurs comme aux prêteurs sur hypothèque. Par une réaction, qui se conçoit aisément, les dangers, auxquels sont exposés les acquéreurs, nuisent aux vendeurs, ceux des prêteurs nuisent aux emprunteurs. Les garanties qu'on donne aux autres, tournent à l'avantage du propriétaire foncier, pourvu que d'étroites conceptions procédurières et fiscales ne viennent se conjurer contre sa fortune modeste, et ne lui imposent point d'inutiles sacrifices. Il ne se plaindra donc pas, si la mobilisation du sol, de jour en jour plus désastreuse, est refrénée par des moyens énergiques et efficaces, si la libre disposition des biens immobiliers et les droits absolus, proclamés par les articles 557 et 544 du code civil reçoivent de salutaires restrictions, si le partage et la transmission de la propriété par des titres irréguliers, sans date certaine et sans publicité réelle, se trouvent proscrits. Il ne se plaindra pas si, dans le même esprit, la propriété est consolidée entre les mains des nouveaux acquéreurs, de telle sorte que ceux-ci n'aient à craindre, en se libérant, ni de perdre l'immeuble, ni de payer deux fois, sans que pour cela lui et ses créanciers voient absorber le produit brut des aliénations par les frais de procédures longues et compliquées.

Cependant, en sortant du vague des théories et en recherchant les formules d'un projet de loi complet et d'une exécution sûre, les difficultés s'accumulent et semblent défier le téméraire novateur de mettre la main à l'œuvre. Dans la construction de la loi des mutations, il n'est pas permis d'améliorer la condition de propriétaire et des particuliers qui traitent avec lui, sans ménager les intérêts de l'Etat, vis-à-vis duquel tout acquéreur de biens-fonds se trouve engagé par une double dette : l'acquittement de la contribution foncière et de l'impôt des mutations. Pour être complète, la loi des mutations sera donc une loi mixte. Ne pouvant fortifier la propriété dans l'intérêt privé aux dépens de l'intérêt public, devant une juste satisfaction à l'un et à l'autre, il faut, par un sage tempérament, laisser jouir le propriétaire et ses créanciers des richesses immenses que la terre recèle dans son sein, tout en assurant la part revendiquée par le fisc, conformément à nos lois de finances. En second lieu la loi serait vaine, si son exécution n'était point garantie par de puissants véhicules, soit qu'elle prescrivît la constatation exacte de l'individualité des immeubles, et défendît l'excessif morcellement, soit qu'elle voulût faire reposer la certitude des mutations sur l'uniformité de dates et de publicité des titres de propriété.

Qu'on ne s'étonne donc pas des hésitations du gouvernement, qui doit mesurer l'étendue et la gravité des questions à résoudre, avant d'élaborer un projet de loi, qu'on ne saurait restreindre à la simple révision d'un titre du code civil. Gardons-nous aussi de donner gain de cause aux théories séduisantes d'un philosophisme présomptueux, ou à des législations d'emprunt, antipathiques à la nationalité française. Au lieu d'augmenter le chaos de nos lois, il faut avoir le courage de fouiller dans cet immense arsenal, tâcher d'y mettre quelque ordre et recueillir ainsi les richesses qui s'y trouvent enfouies. — Une découverte nous a frappé par son importance pratique; telle que nous l'entrevoyons, elle n'a pas été signalée jusqu'à présent.

Il existe un fâcheux antagonisme entre de certaines lois civiles et bursales. Rendues à diverses époques, sous l'influence d'idées divergentes, juxtaposées dans le bulletin des lois, au lieu d'être coordonnées, ces lois ont souvent été détournées du but de leur établissement. Les lois bursales, comme les lois civiles, réclament d'indispensables corrections. En ramenant les unes et les autres, dans leurs rapports avec la propriété territoriale, à un centre commun, elles cesseront de s'entre choquer et de se nuire mutuellement. Il y a mieux; en recherchant des véhicules à la loi des mutations, il nous a semblé que des lois si contraires pourraient s'entr'aider et se perfectionner les unes par les autres. Il en est, qu'on n'a considérées jusqu'à présent que comme des lois exclusivement et étroitement fiscales, qui nous ont paru susceptibles, si on les amendait dans un esprit plus large, de servir autant l'intérêt du propriétaire que l'intérêt du trésor, autant les intérêts particuliers que les intérêts généraux. Serait-ce une utopie de croire que l'administration des contributions directes, chargée du recouvrement de la contribution foncière, pût veiller à une meilleure répartition et servir en même temps de vigilante gardienne du sol, dont la valeur est dépréciée par la confusion et le morcellement? Serait-ce aussi une utopie de penser que, par une heureuse concomitance, l'administration de l'enregistrement pourrait, en surveillante non moins active des mutations, assurer leur certitude et leur publicité, et par là même faciliter la recherche de l'impôt assis sur la valeur capitale des immeubles? — Cela vaut la peine d'être vérifié.

Lors de l'établissement de la contribution foncière, qui se prélève tous les ans sur le revenu des immeubles, l'assemblée constituante pensa que sa juste répartition, au sein des communes, ne donnerait lieu à aucun embarras sérieux. Voilà quelles furent, à cet égard, les principales dispositions du décret du 1er décembre 1790. Il fut ordonné aux municipalités de constater les divisions de leur territoire, appelées *sections*, de former, à l'aide de leurs commissaires, les *états de section* et de résumer ceux-ci dans la *matrice du rôle*. Pour former ces états de section, c'est-à-dire les états indicatifs des immeubles ou parcelles de chaque section, elles devaient consulter les propriétaires et fermiers

sur la nature et la contenance de leurs propriétés. Les officiers municipaux doivent comparer ensuite les déclarations avec le travail des commissaires et arrêter définitivement les états, en indiquant la *nature* et
la *contenance* de chaque immeuble, et en ajoutant, en leur âme et
conscience, l'*évaluation du revenu net*. Les mêmes officiers procèdent
à la confection de la matrice du rôle, aussitôt que le mandement pour la
répartition de la contribution foncière leur est parvenu. L'instruction
annexée au décret dit que la formation des états de sections ne doit présenter aucune difficulté, parce qu'il n'y a point de communauté où il
ne se trouve plusieurs propriétaires et cultivateurs capables de concourir à la rédaction. Les commisaires pourront donc facilement terminer
leur travail en très peu de jours et s'aider utilement des cadastres parcellaires dans les pays qui en ont, ainsi que des plans, terriers et autres
renseignements qu'ils seront à même de se procurer. Les états de section
une fois dressés, la rédaction de la matrice ne sera qu'une opération
mécanique, car elle n'est autre chose que la reproduction des états de
sections, en suivant, au lieu de *l'ordre des immeubles*, adapté au plan
de la localité, *l'ordre des noms des propriétaires* nécessaire pour la confection du rôle de la contribution.

Ce mode expéditif d'asseoir la contribution et de la répartir entre les
possesseurs d'immeubles de l'agrégation communale, suscita peu de récla-
mations, parce qu'il était en rapport avec la situation matérielle du sol à
l'époque où le décret reçut son exécution. Des terres peu divisées, dont
la culture était soumise à des rotations régulières, permettaient de saisir
sans difficulté l'individualité de chaque immeuble; il n'était guère plus
embarrassant d'indiquer sa nature et sa contenance, ou de faire l'évaluation du revenu net. Mais en parant ainsi aux nécessités du moment, le
décret ne songea nullement aux futures mutations de la propriété. La
loi organique du 5 frimaire an VII, dont les dispositions principales
sont demeurées en vigueur jusqu'à ce jour, aurait dû remplir avec soin
cette grave lacune; si sous ce rapport, elle n'était point entachée de
deux vices radicaux, elle eût prévenu la perturbation qui se manifesta
bientôt dans l'assiette et la répartition de l'impôt.

Une première défectuosité de cette loi consiste dans la marche adoptée
pour l'inscription à la matrice du rôle des noms des personnes qui, dans
l'intervalle d'une année à l'autre, avaient remplacé les anciens propriétaires, et qui devaient conséquemment figurer sur le rôle de la contribution du plus prochain exercice. Pour atteindre le nouveau propriétaire,
et décharger l'ancien de l'obligation de payer l'impôt, au moyen d'une
substitution de noms à la matrice, il aurait fallu déterminer, selon les règles du droit civil, la nature ou du moins la forme apparente des titres
en vertu desquels s'effectuerait l'inscription, il aurait fallu s'assurer aussi de la remise de ces titres entre les mains des agents chargés de la rédaction des matrices. Au lieu de cela, on lit à l'article 56 du titre IV,

qui traite *des changements annuels à faire aux matrices des rôles*, que
« la note de chaque mutation de propriété sera inscrite au livre des mu-
» tations à la diligence des parties intéressées : elle contiendra la dési-
» gnation précise de la propriété ou des propriétés qui en seront l'ob-
» jet, et il y sera dit à quel titre la mutation s'en est opérée. — Tant
» que cette note n'aura point été inscrite, l'ancien propriétaire conti-
» nuera d'être imposé au rôle, et lui, ou ses héritiers naturels, pour-
» ront être contraints au paiement de l'imposition foncière, sauf leur
» recours contre le nouveau propriétaire. » La loi, comme on le voit,
ne s'occupe, ni de la nature, ni de la forme du titre constitutif de la
mutation, et abandonne sa production à la bonne ou mauvaise volonté
des parties. Par la rédaction vicieuse de cet article, fut relâché le lien
qui devait unir étroitement la loi fiscale à la loi civile ; au lieu de rendre
l'une et l'autre hommage au principe d'unité de la mutation, la première
créa, sans y penser, deux, voire trois sortes de mutations pour le même immeuble. Il est arrivé, en effet, ou que les parties ne firent aucune déclaration et que le nom de l'ancien propriétaire se reproduisit
d'année en année dans la matrice du rôle, ou bien qu'on inscrivit dans
cette dernière, soit des déclarations verbales, soit des actes informes
et non enregistrés, que les parties présentaient comme titres constitutifs de la mutation. Il eut été aisé de placer un correctif dans la loi d'enregistrement, promulguée quelques semaines après, si l'on avait compris que l'enregistrement pouvait et devait fixer la date des actes de mutation. Loin de là, la loi du 22 frimaire an VII et plus tard celle du 27
ventôse an IX aggravèrent le mal, en reconnaissant que la mutation
pouvait résulter d'une convention verbale, d'un titre écrit présenté à
l'enregistrement et de l'inscription à la matrice du nom d'un nouveau
propriétaire, puisqu'elles prescrivirent la perception des droits, et sur les
conventions verbales, et sur les titres présentés à l'enregistrement, et
sur les inscriptions à la matrice du rôle de la contribution foncière. Cette fâcheuse trilogie, dont les auteurs n'ont point mérité de couronnes,
consomma le divorce entre la fiscalité et le droit civil (*).

La loi du 3 frimaire est non moins vicieuse sous un autre point de
vue. Les changements *annuels* aux matrices des rôles, nécessités par les
mutations de propriété, ne portent que sur les personnes et nullement
sur les choses ; en ce sens que dans la matrice on substitue simplement
le nom du nouveau propriétaire à l'ancien, sans rien changer à la désignation de l'immeuble, telle qu'elle est donnée par le registre de section. Cependant, à l'époque où cette loi fut rendue, le sol commençait à
se mobiliser ; les aliénations partielles, autant que les partages de communauté et de succession, impliquaient des changements notables dans

---

(*) V. l'article 12 de la loi du 22 frimaire an VII et l'article 4 de la loi du 27
ventôse an IX.

la configuration du terrain. Que, par exemple, un champ de culture ait eu dans l'origine la contenance d'un hectare, les partages et les aliénations partielles n'auront pas manqué de le démembrer, de le décomposer en dix, quinze ou vingt parcelles de contenances inégales ou de formes diverses : à la même occasion l'uniformité de la culture aura cédé à des variétés infinies. Or, la loi n'a point ordonné la constatation régulière de la subdivision ou transformation des immeubles, en tant qu'elle se manifesterait dans le cours de l'année où s'inscrivent les déclarations. La considérant bien à tort, comme un fait tout-à-fait exceptionnel, dont il pouvait se dispenser de tenir compte, *quod enim semel aut bis extitit praetereunt legislatores* » (*) Le législateur a renvoyé la détermination légale des nouvelles parcelles à l'époque éventuelle où seraient demandés et autorisés un jour le renouvellement des matrices et la confection de nouveaux registres de sections (**). De là cette alternative pour les agens préposés au service des mutations : ou de laisser subsister indéfiniment le nom de l'ancien propriétaire à côté de l'immeuble décrit au registre de sections, quoiqu'il en eût détaché des fragments à diverses reprises et que l'impôt dût atteindre les acquéreurs des fragments détachés, conformément à leurs titres et déclarations : ou bien de faire l'application arbitraire de ces titres et déclarations à un immeuble décrit dans le registre de sections, quelle que fût la dissidence, sous le rapport des limites et des contenances, entre les indications du registre et celles du titre. A défaut de plans et de livres adaptés à la physionomie mobile des biens fonds, la confusion devint extrême et la répartition individuelle de l'impôt fut livrée à un effrayant arbitraire. Recourir, dans ces circonstances, à l'ancien procédé suivi en 1790, pour la formation des registres de sections, c'eût été commettre un anachronisme impardonnable ; on ne vit d'ancre de salut que dans le cadastre.

Après une tentative infructueuse pour arriver par le cadastre général du territoire autant à la péréquation de l'impôt entre les départements qu'à l'exactitude de la répartition individuelle, la loi de finances, du 31 juillet 1821, ordonna qu'à partir du premier janvier 1822, les opérations cadastrales seraient circonscrites dans chaque département. Grâce au zèle du comte Roy, alors ministre des finances, qui a préparé l'ordonnance d'exécution du 5 octobre et le réglement du 12 octobre de la même année, les travaux marchèrent avec rapidité et sont parvenus à leur terme dans les divers départements de la France continentale. Mais si ces travaux immenses, qui ont coûté 150 millions, dit-on, aux départements et à l'Etat, n'ont pas rendu la répartition individuelle de

(*) Voir L. 6 ff de leg.

(**) Voyez le titre V de la loi du 3 frimaire an VII·

l'impôt aussi parfaite qu'on l'eût désiré, si à peine achevés, il est déjà question de les recommencer, tant leur utilité eut été éphémère, on n'en peut accuser que l'imprévoyance du législateur. Ce n'était pas tout que d'autoriser les conseils généraux à voter des impositions et de créer un fonds commun pour les dépenses du cadastre, il ne fallait pas oublier de l'ériger en établissement permanent et de le comprendre dans une loi organique, qui eût corrigé les vices ou comblé les lacunes de la loi du 5 frimaire an VII : *inde mali labes.* Qu'était-ce en effet, que ce cadastre si résolument entrepris en exécution d'une simple loi de finances ? C'était le cadastre *parcellaire*, qu'on appelle ainsi, parce qu'après la triangulation et la délimitation du territoire des communes, il a pour objet la levée du plan *parcellaire*, en d'autres termes, la décomposition du territoire communal en autant de *parcelles* distinctes, qu'il s'y rencontre de *propriétaires différents* et de *cultures différentes.* Il importe de distinguer les propriétaires ou les possesseurs qui les représentent, parce que l'impôt est demandé à la personne du propriétaire et ne se prélève jamais en nature sur les produits du sol ; il importe de distinguer les cultures ou les produits, parce que l'impôt ne peut être le même lorsqu'entre les immeubles du possesseur il existe une différence marquée dans les cultures et les produits. Il suit delà qu'on ne parvient à la détermination exacte des parcelles qu'en menant de front deux genres d'opération. L'opération sera purement artistique, en tant qu'elle consistera dans la levée du plan et dans l'arpentage de la parcelle, telle qu'elle ressort de la diversité des cultures et d'une démarcation purement matérielle. Mais ce travail d'art a besoin de se combiner, avec un travail d'appréciation scientifique, dans la séparation des parcelles, à raison de la différence des propriétaires. Dans ce second travail, il ne suffit plus d'arpenter et de dessiner le sol ; il faut y appliquer les titres respectifs des propriétaires et même, s'ils sont muets, apprécier les caractères de la possession *civile*, sans préjuger bien entendu le fond du droit, s'il est en litige. Sous le dernier point de vue, le cadastre a dû se ressentir des défectuosités du régime légal, sous lequel il a été entrepris, défectuosités que l'ordonnance et le réglement du mois d'octobre 1821 ont cherché à pallier, mais qu'il leur était interdit de corriger ; il était impossible d'obtenir des résultats certains en opérant, tantôt en l'absence de toute espèce de titres tantôt en vertu, de titres irréguliers, qu'on devait au bon vouloir des parties, ou aux communications officieuses des receveurs d'enregistrement. Ce qu'on doit déplorer davantage, c'est qu'en satisfaisant par le cadastre, tant bien que mal, aux exigences du moment, on n'ait pas senti que, pour qu'il répondît aux exigences de l'avenir, il eût fallu le *continuer.* En reprenant en sous-œuvre la détermination des parcelles, à mesure que de nouveaux morcellements et de nouvelles cultures viennent d'une année et d'une saison à l'autre modifier leur physionomie ou leur configuration, l'occasion ne manquerait pas d'effacer les inexactitudes du cadastre, tandis qu'en le laissant dépérir, le mouvement continu de la propriété y ajoute chaque jour de nouveaux éléments de perturbation.

Ces observations nous amènent irrésistiblement à cette conclusion, que dans le système de la loi du 3 frimaire an VII, le fait de la mobilisation progressive du sol, a été complètement méconnu et tout se réduit maintenant à ce point de substituer à ce système un régime régulier des mutations *annuelles*, dans lequel les opérations cadastrales se combineront avec l'inscription des titres à la matrice du rôle de la contribution foncière.

Ce sera une première nécessité d'interdire l'inscription d'une mutation à la matrice, tant que la forme apparente du titre et son enregistrement n'auront pas levé toute incertitude sur le fait et la date de la transmission de la propriété, comme aussi d'organiser le service de telle manière que, cette certitude une fois acquise, les titres se concentrent entre les mains de l'administration et soient inscrits d'office et sans retard à la matrice. Nous proposons, à ce sujet, une combinaison, qui deviendra claire, lorsque nous nous serons expliqué sur l'enregistrement et la transcription des actes constitutifs de la mutation.

Il n'est pas moins nécessaire que l'inscription des titres à la matrice, soit subordonnée à une condition alternative. Si le titre n'a pour effet que de substituer à la matrice le nom du nouveau propriétaire à la place de l'ancien, il doit contenir la désignation exacte de la parcelle et faire mention de la désignation consignée au registre de sections, de telle sorte que la parcelle soit reconnaissable dans ce registre et à l'atlas-plan de la commune, et que l'ancien cadastre serve de point de départ à deux nouvelles opérations cadastrales. Si, au contraire, le titre entraine une division ou une modification des parcelles, il devra ajouter à l'ancienne désignation, l'énoncé des contenances et des limites que les parties ont négligé de mesurer et d'aborner. En assujettissant les titres à ces prescriptions, on acquiert un moyen infaillible de constater l'individualité de la parcelle la plus minime. Il est seulement à craindre que le morcellement soit poussé à un tel degré d'extravagance qu'une myriade de géomètres ne suffirait plus pour décrire et arpenter les parcelles; cette considération est à elle seule assez puissante pour que la division des propriétés soit refusée dans la mesure commandée par l'intérêt public.

L'esprit de routine, qui s'infiltre à la longue dans les services administratifs, taxerait vainement d'impraticable le projet d'utiliser l'ancien cadastre, avant qu'il ne devienne un stérile monument historique, comme aussi de reprendre et de suivre en détail les opérations cadastrales, au fur et à mesure qu'il surgit de nouvelles mutations de propriété. Rapportons-nous en, quant à la mise à exécution de ce projet, à des hommes qui donnent, pour garantie de leurs idées pratiques, des connaissances spéciales qui nous manquent. Quelques ingénieurs ont proposé de mettre l'ancien atlas des communes au courant des variations successives des parcelles, au moyen de lignes ponctuées, tirées dans les figures même de ce plan. D'autres ont répondu que ce procédé, tout praticable qu'il puisse être dans une figure de quelque étendue, perdrait infailliblement cet avantage, lorsque, dans un plan un peu détaillé ou dans une figure déjà réduite à d'étroites proportions par des partages antérieurs, des changements devraient se croiser ou se traverser. On ne voit pas comment il serait possible, lorsque de nouvelles constructions seraient élevées et que d'autres seraient détruites, d'introduire ces faibles modifications dans l'atlas, sans nuire à la clarté. Il serait plus difficile encore de tracer dans le plan des variations peu sensibles produites par le réarpentage et le bornage de parcelles contiguës, les lignes séparatives anciennes et nouvelles seraient une cause certaine de désordre et de confusion. Dans la plupart de ces cas il faudrait gratter, altérer; et le plan originaire, qui doit donner l'historique de la propriété, un élément de recherche, de comparaison, une source de renseignements précieux en matière de statistique, d'entreprises industrielles, de procès entre propriétaires, etc., perdrait bientôt une partie de ces avantages. Le procédé, qui semble le plus rationnel et le plus praticable, est consigné dans l'opuscule publié en 1830 par M. Gayard, ingénieur en chef du cadastre au département d'Indre-et-Loire. D'après cet habile ingénieur, le plan de la commune ne subirait aucune altération. Les figures modifiées ou divisées par une cause quelconque seraient extraites du plan-minute, et reportées sur un plan auxiliaire, où elles prendraient la forme voulue par les variations du terrain, ou par les dispositions du propriétaire. Une teinte légère, appliquée sur les figures extraites, annoncerait leur entrée dans le plan supplémentaire. Chaque division aurait un numéro d'ordre en encre rouge, afin que ce numéro ne pût être confondu avec celui de la figure primitive, lequel serait rappelé en encre noire dans le plan auxiliaire. Si des partages successifs réduisaient la subdivision à des proportions trop minimes pour qu'on pût les figurer sans confusion dans le plan subdivisionnaire, l'échelle de ce plan serait étendue comme il le faudrait pour donner à l'opération la clarté convenable. Plus tard, lorsque le nombre de feuilles subdivisonaires, ou lorsque des modifications nombreuses survenues dans la figure des parcelles en démontreraient le besoin, on procéderait à la refonte de l'atlas, qui servirait alors de nouveau point de départ pour les opérations ultérieures. Il est presque inutile d'ajouter que les registres de sections devant être en concordance parfaite avec le plan, il sera fort aisé de leur appliquer le système de M. Gayard, en établissant, le cas échéant, des registres auxiliaires, dont on opérera pareillement la refonte dans de nouveaux registres, lorsqu'au bout d'un certain laps de temps, l'administration en aura reconnu la nécessité.

Mais quelles que puissent être les mesures d'exécution auxquelles on s'arrête, il reste à aplanir une difficulté dont on s'est fortement préoccupé. A quelle administration appartiendra-t-il d'opérer les changements annuels à la matrice du rôle de la contribution foncière et les changements à l'atlas-plan et aux livres de sections, qui dorénavant seront concomittants des premiers, toutes les fois que le titre du nouveau propriétaire emportera une modification dans les parcelles? Il n'est pas proposable de confier ces travaux géminés d'art géométrique et de science administrative à l'administration de l'enregistrement, qui ne pourrait les accomplir, qu'en appelant à son aide cette légion d'arpenteurs-géomètres que l'établissement primitif du cadastre avait réunis ; ni de créer une administration nouvelle, toute spéciale et de deshériter celle des contributions directes d'une portion notable de ses attributions. Cette dernière exerce seule dans l'état actuel de la législation une sorte de surveillance sur les biens-fonds , elle seule reçoit les déclarations de mutation , rédige la matrice annuelle, opère l'émission du rôle des contributions et en poursuit le recouvrement. Se refuser à des travaux d'art, que les fluctuations de la propriété ne permettent plus de séparer'de l'inscription des mutations à la matrice , ce serait , de la part de l'administration des contributions directes , convenir que l'étude du sol lui a échappé et qu'elle ne se livre qu'à un service bureaucratique que ses détracteurs voudraient confisquer au profit de l'administration de l'enregistrement (*). Dans la séance de la chambre des députés du 30 janvier 1845, M. le ministre des finances a suffisamment démontré, en répondant à M. Etienne, ce qu'il y avait d'impraticable dans la réunion du service des contributions directes à celui de l'enregistrement. D'ailleurs les travaux dont il s'agit entrent dans la sphère d'attraction des contrôleurs, qui ont été amenés par la force des choses à s'y essayer. L'administration l'a si bien compris, qu'elle leur demande, avant de les agréer, la preuve de leur habileté artistique , elle est assez prévoyante pour les préparer de longue main aux fonctions de conservateurs du cadastre, dont il faudra tôt ou tard les investir, à moins qu'on ne veuille leur enlever en totalité le service des mutations et les réduire au rôle de simples commis de direction. Au lieu de défaire ou de disloquer de gaîté de cœur , les meilleurs rouages administratifs, il s'agit simplement

---

(*) M. Loreau, directeur de l'enregistrement, dans un intéressant opuscule sur *le crédit foncier,* publié en 1841, propose la suppression de l'administration des contributions directes et l'adjonction aux receveurs d'enregistrement d'arpenteurs-géomètres. M. le marquis d'Audiffret, dans une brochure toute récente, qu'il intitule de *la libération de la propriété,* considère comme onéreuse à la propriété la multiplicité des rouages administratifs et provoque la centralisation de ce qu'il appelle les quatre services des contributions directes, du cadastre, de l'enregistrement et des hypothèques.

d'augmenter le personnel des contrôleurs, parcimonieusement limité par une loi, qui date de 45 ans, (*) pour les mettre en état de répondre complètement au but de leur institution. Les mutations dont ils préparent l'inscription à la matrice ont augmenté dans une progression si considérable, le rayon qu'ils ont à parcourir est si étendu, qu'il n'y a point à s'étonner de leur apparition fugitive dans les communes, ni à leur reprocher d'abandonner une grande partie d'un travail si important aux percepteurs et aux secrétaires des mairies. Si leur sphère d'activité est renfermée dans les limites d'un canton, on peut compter que la tâche, qui leur était départie jusqu'à ce jour, sera sérieusement accomplie, et l'on ne doit pas craindre, de l'alourdir outre mesure, en les obligeant de procéder, toutes les fois que le besoin s'en fera sentir, à la levée du plan et à l'arpentage des parcelles nouvelles, autant qu'a la rectification du plan originaire et des registres de sections. D'ailleurs, la résidence continue du contrôleur dans le canton de la situation des immeubles confiés à sa surveillance, est nécessaire à cause des rapports de service qu'il entretient avec le receveur d'enregistrement, relations que la loi doit s'appliquer à rendre plus régulières et plus étroites. Quand aux communes, auxquelles le cadastre fournit des éléments essentiels pour l'assiette et la répartition de l'impôt ; elles sont assez rapprochées du chef-lieu du canton, pour n'avoir jamais à souffrir de l'éloignement des contrôleurs conservateurs du cadastre. Il conviendra enfin que dans la réorganisation du service, les employés en exercice reçoivent l'assistance temporaire d'habiles ingénieurs, tels que ceux qui ont concouru à l'achèvement de l'ancien cadastre, et que désormais cette carrière ne soit ouverte qu'à des hommes versés dans les sciences exactes et le droit administratif.

En définitive il est permis d'espérer qu'il ne s'élèvera plus du sein des communes des plaintes sur la répartition individuelle de la contribution foncière, du jour où l'administation chargée de son recouvrement avisera également à la conservation et à l'entretien du cadastre parcellaire. Là ne se bornera pas l'utilité du cadastre. Il amènera tôt ou tard une meilleure répartition de commune à commune, d'arrondissement à arrondissement, finalement la péréquation entre les départements ; il effacera d'anciennes inégalités et facilitera le recouvrement de tout impôt prélevé, soit sur le revenu, soit sur la valeur capitale des immeubles. A la loi civile, il prêtera par des indications toujours exactes sur la situation, les limites et la contenance des parcelles un levier puissant pour asseoir la propriété et les autres droits réels sur de meilleurs fondements. Car quelle que soit la nécessité de fixer l'individualité des immeubles et d'empêcher leur division abusive, la loi serait inique, en faisant de

(*) Voir la loi du 3 frimaire an VIII.

l'arpentage et de l'abornement une condition irritante de la validité des partages et des aliénations : la loi ne serait que comminatoire en proclamant la défense de morceler les immeubles tant que les agens de l'autorité administrative lui feraient faute pour constater les infractions.

Indépendamment de la contribution qui se prélève tous les ans sur le revenu, les immeubles sont atteints par l'impôt que l'administration de l'enregistrement perçoit sur leur valeur capitale chaque fois qu'ils changent de maîtres. Il convient de retracer quelques linéaments du vaste établissement bursal, dont l'impôt des mutations ne forme qu'une branche.

L'enregistrement a pour objet la perception de droits *fixes* ou *proportionnels*, suivant la nature des actes et des mutations qui y sont assujettis.

Le droit *fixe* s'applique aux actes, soit civils, soit judiciaires ou extrajudiciaires, qui ne contiennent ni obligation, ni libération, ni condamnation, collocation ou liquidation de sommes et valeurs, ni transmission de propriété, d'usufruit ou de jouissance de biens-meubles ou immeubles. La loi du 22 frimaire an **VII** après avoir donné cette énumération des actes passibles de droits fixes, a déterminé leur quotité avec assez de modération, il y en a pourtant quelques-uns dont le taux a été élevé outre mesure par la loi du 28 avril 1816. Le droit *proportionnel* est établi par la même loi de frimaire pour les obligations, libérations, condamnations, collocations ou liquidations de sommes et valeurs, et pour toute transmission de propriété, d'usufruit ou de jouissance de biens-meubles ou immeubles soit entre vifs soit par décès. Ce droit, dont la quotité varie suivant la nature des actes, a été porté en général à un taux si élevé, que, pour s'y soustraire ou en alléger le fardeau, les parties ne reculent point devant le danger de dissimuler leurs véritables stipulations ou d'en dénaturer le sens dans les actes les plus importants de la vie civile. Quand au droit qui pèse sur les mutations immobilières entre vifs et par décès, il se distingue des autres droits d'enregistrement, même de celui relatif aux mutations mobilières, par l'élévation du tarif, l'importance des produits et les règles spéciales qui régissent la perception. Dans les aliénations judiciaires surtout l'impôt est écrasant à cause de la multiplicité des formes et de l'impossibilité de dissimuler une partie du prix.

Les receveurs d'enregistrement, dont les bureaux sont répartis par cantons, comme les justices de paix (*), sont chargés de la perception : ils tiennent à cet effet des registres, dans lesquels ils inscrivent ou

---

(*) Il y a un petit nombre de bureaux qui embrassent deux ou même trois cantons ; mais il serait de l'intérêt des justiciables et conforme aux règles d'une bonne administration de doter dorénavant chaque canton d'un bureau distinct. Voyez à ce sujet les observations judicieuses de M. Loreau, à la page 80 de l'opuscule cité dans une précédente note.

relatent les actes qui leur sont présentés et les déclarations qui leur sont faites, moyennant l'acquittement des droits, tels qu'ils sont déterminés par les lois de finances.

En établissant un impôt de ce genre, le législateur a compté moins sur l'emploi des moyens de coercition que sur l'intérêt qui attirerait les particuliers au bureau d'enregistrement pour y présenter ou faire présenter leurs actes et acquitter les droits bursaux.

Dès l'année 1581, lors de l'établissement du premier contrôle, auquel l'enregistrement a été substitué en 1790, on s'appliqua à faire ressortir les avantages qu'offrirait aux intérêts privés une semblable formalité. Au moyen du contrôle, disait-on, on donnera une date certaine à tous les actes, on assurera aux familles la propriété de leurs fonds et l'on constatera les hypothèques, dont les fonds peuvent être chargés (*). Dans le rapport soumis à l'assemblée constituante, à la suite duquel fut adopté le décret du 5-19 décembre 1790, on lit pareillement : «que l'enregistrement servira à
» constater les dates, l'ordre des hypothèques, les nuances des conven-
» tions, les époques et les conditions de la propriété, enfin à imprimer un
» caractère inaltérable, en fixant les volontés et en garantissant la fidé-
» lité réciproque.» Les mêmes vues se reproduisent dans l'adresse aux français du 24 juin 1791, où l'assemblée nationale dit, en parlant des droits d'enregistrement, «que ces taxes n'exigent pas que le percepteur
» aille troubler la paix du citoyen ; qu'elles lui donnent au contraire,
» motif et intérêt d'aller chercher le percepteur, dont il reçoit un ser-
» vice public ; qu'elles unissent à une imposition une fonction de ma-
» gistrature, que l'on paie seulement plus qu'elle ne vaudrait par elle
» même, afin d'établir sur l'excédant du salaire des agents, une recette
» nationale qui atteigne les capitalistes, qui ne porte point sur les ci-
» toyens indigents, et qui diminue d'autant les autres contributions pu-
» bliques. » C'est donc un bien fâcheux préjugé, qui s'est accrédité à la longue, de ne voir dans l'enregistrement qu'une formalité étroitement fiscale, tout au plus bonne à fixer accidentellement la date des conventions. L'intérêt fiscal, comme l'intérêt civil, recevraient une égale satisfaction si l'enregistrement se liait, dans toutes ses parties aux lois civiles, s'il les aidait et en était aidé. (**) Dans le cercle des lois qui convergent vers la propriété foncière, le besoin de les ramener à des principes communs se fait sentir le plus vivement ; la constitution même de la propriété, tout comme l'impôt des mutations dont elle est grevée, retire-

(*) Voyez au répertoire de jurisprudence de Merlin, le mot contrôle, p. 152.

(*) Ces expressions sont empruntées aux rédacteurs du dictionnaire de l'enregistrement. Voyez au mot enregistrement, tome 1, p. 832. On eût désiré que le rapport de l'administration, provoqué par M. le garde-des-sceaux, fût rédigé dans cet esprit.

raient un immense profit d'une union si désirable ; c'est un pacte d'alliance d'une trop haute valeur, pour ne pas examiner à quelles conditions il serait acceptable, pour ne pas essayer d'en préparer la conclusion prochaine.

La loi civile de la propriété, objet principal de nos études, est presque à refaire, tant elle offre de lacunes et d'anomalies. Des opérations cadastrales, convenablement entretenues, restitueront en quelque sorte aux immeubles leur individualité; le droit de propriété et d'autres droits réels ne seront plus menacés dans leur existence par la promiscuité de la possession et la confusion qui règne sur le sol; mais fortifier le droit dans sa base, ce n'est pas le constituer. La bonne ou mauvaise constitution de la propriété découle directement de la manière dont elle s'acquiert et se transmet. Or, le mode d'acquisition, le plus usité, de ceux énumérés aux articles 711 et 712 du code civil, s'opère *par l'effet des obligations* et c'est celui-là qui a vicié si gravement la constitution de la propriété, la loi n'ayant rien fait pour en prévenir l'exercice abusif. Il est sans doute inévitable que, par l'effet des obligations, l'intérêt des tiers ne soit froissé directement ou indirectement, en mainte circonstance, tant qu'il ne s'agit que d'intérêts vulgaires, privatifs et obscurs. Mais serait-il donc impossible de donner des garanties spéciales à la propriété immobilière, qui fait naître les privilèges, les hypothèques et tant d'autres droits accessoires, autour de laquelle se groupent les intérêts les plus considérables et les plus variés de la vie civile et sociale ? Serait-ce donc lui donner une garantie que de proclamer le principe : les conventions, ayant pour objet le partage et l'aliénation des immeubles, comme toutes autres conventions, *ne nuisent pas aux tiers ?* (*) La loi ne fera-t-elle rien pour *empêcher* que ces conventions ne soient nuisibles? De fait, elles nuisent tantôt directement, tantôt indirectement, en tous cas énormément, irréparablement, aux personnes qui traitent avec le propriétaire et réagissent d'une manière désastreuse sur son crédit ; parceque le code leur assure des effets légaux, nonobstant l'imperfection du titre, la déplorable incertitude de sa date et sa clandestinité. En étudiant les faits, on se convainc qu'en définitive tout le mal gît dans les titres : recherchons donc par quelles combinaisons leur situation pourrait être améliorée, les rouages administratifs et l'établissement de l'enregistrement venant, comme le cadastre, en aide au droit civil.

Une première garantie, que réclament les acheteurs et les prêteurs sur hypothèque, c'est l'authencité des titres constitutifs des mutations immobilières, par quoi nous entendons, tant les actes translatifs que les actes déclaratifs de propriété, modifiant soit les droits des propriétaires sur les immeubles, soit l'état matériel des immeubles par le partage et le

(*) V. article 1167 du code civil.

fractionnement. Dans les mutations par décès, leurs intérêts sont d'ordinaire mis à couvert par les dispositions du code civil sur la mise en dépôt des testaments olographes et l'envoi en possession des légataires universels, mais, dans les mutations entre vifs, ils demeurent indéfiniment exposés au danger de voir les droits de l'aliénataire ou de l'emprunteur s'évanouir d'un jour à l'autre par l'effet d'une simple dénégation de signature. Ce serait de la fausse équité, du faux libéralisme, ce serait confondre l'abus et l'usage légitime, d'objecter qu'il y aurait une atteinte portée à la liberté civile et naturelle des transactions dans la disposition légale qui proscrirait l'usage des actes sous seing-privé ou en prescrirait au moins le dépôt dans une étude de notaire, avant leur mise à exécution, en tant que ces actes auraient trait à la constitution de la propriété. Cette disposition protectrice des intérêts généraux serait par cela même favorable au propriétaire foncier dont l'intérêt bien entendu se confond ici entièrement avec celui des personnes qui traitent avec lui. Qu'on tente d'inventer un meilleur système de mutation par la concentration des titres, leur publication et leur inscription à la matrice cadastrale, les plus habiles succomberont à la peine, tant que subsistera l'embarras des actes sous seing-privé. Qu'on veuille introduire quelqu'amélioration dans la tenue des titres, on ne le pourrait qu'en dressant une embûche à l'inexpérience des parties contractantes, à moins que la loi ne les mette en rapport obligé avec un officier public, ayant mission de les éclairer sur la valeur intrinsèque ou extrinsèque du contrat et d'accomplir s'il y échet, en leur lieu et place, des formalités compromettantes. Obliger les souscripteurs des actes sous seing-privé à en opérer le dépôt dans un lieu public, où ils ne s'égareront jamais, où le sceau de l'authenticité leur sera donné, ce n'est à bien prendre, leur imposer qu'une charge légère, que la révision des tarifs rendra imperceptible. Disons mieux, ce dépôt effectué, il est une foule de formalités et de frais frustratoires dont les parties pourront être déchargées et dont la responsabilité pèsera soit sur leurs guides naturels dans la rédaction des titres, soit sur les agents de l'autorité publique.

Dans la rédaction du titre, c'est l'insuffisance de désignation des immeubles qui conduit aux plus fâcheuses conséquences. Or, du moment qu'aucune mutation ne s'accomplira plus sans l'intervention d'un officier public, il n'y aura rien de trop rigoureux dans l'extension donnée à une disposition du code de procédure civile, ordonnant, à peine de nullité, que la désignation de l'immeuble vendu par expropriation forcée soit corroborée par la copie littérale de la matrice du rôle de la contribution foncière. (*) Le désordre ne régnant pas seulement dans les titres, et les parcelles indiquées à la matrice du rôle étant sujettes à tant de

(*) V. les articles 675 n° 4, 690, 712 et 715.

transformations, ce n'est même pas assez de faire sortir la disposition du code de procédure du cercle étroit dans lequel elle est renfermée, pour l'étendre aux partages, licitations et ventes judiciaires ou volontaires; le droit civil, ne pouvant sans injustice, faire de l'arpentage et du bornage une condition irritante de la validité des conventions, doit aider à l'entretien des opérations cadastrales, en prononçant la nullité de tout acte qui placerait les contrôleurs-conservateurs du cadastre dans l'impuissance soit de l'appliquer aux parcelles décrites à l'ancien cadastre, soit de se livrer en vertu du même acte à de nouvelles opérations artistiques. Une seule exception est admissible en faveur des testaments, les omissions étant faciles à réparer dans les déclarations de succession et les actes de partage. Ici se placerait ensuite dans l'économie d'une loi des mutations, la clause prohibitive de l'excessif morcellement; nous laisserons à des personnes plus habiles le soin de corriger ce qu'il y a d'imparfait dans la formule que nous avons essayé de rédiger.

Cependant l'authenticité des titres et la désignation précise des immeubles ne sont encore qu'un acheminement vers la bonne constitution de la propriété. Pour la réaliser, il y a un double problème à résoudre; il consiste dans la recherche des moyens les plus propres, tant à mettre un terme à la déplorable incertitude des dates dans les mutations entre vifs, qu'à amener, mutations entre vifs et mutations par décès, au grand jour de la publicité.

En matière de succession *ab intestat* ou testamentaire, la mort naturelle ou civile détermine le jour de l'ouverture de la succession. (*) Il y a donc dans le décès une date certaine qui couvre de son égide les intérêts les plus nombreux que l'incertitude des dates pourrait compromettre, une date qui ne saurait amener de discordance entre les règles du droit civil et celles du droit bursal. Il en est malheureusement tout autrement par rapport aux mutations entre vifs. Par l'absence d'une date uniforme, invariable, publique, les intérêts les plus considérables se trouvent lésés; l'harmonie entre le droit civil et le droit bursal est détruite. Néanmoins, en relisant le programme magnifique de l'assemblée constituante, d'après lequel l'enregistrement semble institué tout exprès « pour constater les dates, l'ordre des hypothèques, les nuances des » conventions, les époques et les conditions de la propriété, imprimer » un caractère inaltérable, en fixant et en garantissant la fidélité réci- » proque, » on devait s'attendre qu'aux dates, aux époques, aux conditions de la propriété serait imprimé un caractère inaltérable, par l'inscription des titres déclaratifs et translatifs de propriété, sur des registres entretenus par l'autorité publique. Que ce ne fût là qu'une vaine promesse, pour donner de la popularité à un impôt, remplaçant sous un au-

(*) Voyez l'article 718 du code civil.

tre nom un impôt fort discrédité dans l'opinion, on a de la peine à le croire, en voyant dans l'organisation du service tout merveilleusement disposé pour que la formalité d'enregistrement serve de préservatif contre la mobilité des résolutions humaines, l'instabilité des conventions, l'altération des actes, la témérité des fraudeurs et des faussaires. Personne ne met en doute l'excellente tenue des registres dans lesquels les receveurs inscrivent, jour par jour, la substance et, s'il échet, la copie littérale des actes qui leur sont présentés ; personne ne suspecte l'incorruptibilité de cette modeste magistrature, qui n'a pas à lutter contre l'opiniâtreté de ces intérêts privatifs, que le juge cartulaire ne parvient souvent à concilier qu'aux dépens des intérêts généraux. Enfin les bureaux d'enregistrement ne s'étendant pas au-delà des limites du canton de la justice de paix, se trouvant à proximité du lieu de situation des immeubles, sont placés dans les conditions les plus favorables pour la concentration des titres et leur publicité, tout comme pour la perception de l'impôt des mutations immobilières. Comment se fait-il donc, que, dans ses rapports avec la loi civile de la propriété, l'institution de l'enrgistrement accuse une fatale dégénérescence ?

A moins qu'il ne s'agisse d'actes émanant directement du pouvoir judiciaire, l'enregistrement perd son utilité, s'il n'est pas de règle inflexible que l'autorité publique fixe, au moyen de la présentation des actes à la formalité d'enregistrement, invariablement, authentiquement, publiquement le jour auquel la transmission ou le partage de la propriété seront réputés accomplis. Dans cette règle sont cumulés tous les avantages et prévenus tous les inconvénients de l'ancienne tradition ou prise de possession de l'immeuble : il ne lui a manqué qu'une sérieuse application et dans le nombre des exceptions illogiques qui l'ont battue en brèche, il en est une, admise par le décret du 5 septembre 1790 qui l'a minée dès le jour de l'établissement de l'enregistrement. L'article 1er du décret dispose en effet que la formalité de l'insinuation continuera à être donnée aux actes, *qui exigent la publicité.* Le maintien de cette formalité toute fiscale, si vaine, pour la publicité des donations, si compromettante pour les intérêts civils, fit perdre en droit civil à la formalité d'enregistrement, l'importance qu'usurpa une formalité subséquente, prescrite à peine de nullité. Ce qui fut encore plus fâcheux, c'est que le législateur, avec la préoccupation qu'il fallait une seconde formalité pour donner de la publicité aux actes, négligea d'organiser dans les bureaux d'enregistrement, la publicité qui jaillissait presque d'elle-même de l'inscription des actes dans des registres publics.

Il ne serait pas surprenant de voir ce même génie fiscal qui, pour asseoir deux impôts, avait imaginé deux formalités, l'une sous prétexte de fixer authentiquement les dates, l'autre pour donner de la publicité aux mutations, provoquer aujourd'hui le rétablissement et l'extension de la transcription obligatoire de la loi de brumaire, sans doute afin de rendre son caractère natif au droit proportionnel de transcription que les articles 52 et 54 de la loi de finances du 28 avril 1816 ont confondu fort sagement dans la perception du droit d'enregistrement, et aussi parce qu'une formalité unique ne sera jamais aussi productive que deux formalités, qu'un enregistrement *sur minute* serait une formalité trop simple, trop économique pour les parties si la transcription *sur expédition complète* ne leur imposait point de nouvelles charges, de nouvelles tribulations. Mais le gouvernement s'est prononcé trop franchement contre toute tendance fiscale, il a le désir trop sincère de préparer une loi qui soulage, au lieu de l'aggraver, la position du propriétaire foncier, pour que le pays ne soit pas en droit d'attendre une réforme moins rétrograde. S'il est sérieusement question de servir les intérêts privés par l'inscription des contrats sur des registres entretenus par l'autorité publique, si, selon l'expression de l'assemblée nationale, le citoyen doit avoir motif et intérêt à aller chercher le percepteur pour en recevoir un service public, il faut tout d'abord prescrire le dédoublement de la formalité d'inscription sur les registres publics (qu'elle se colore du nom d'enregistrement ou de transcription) pour s'arrêter à une immatricule *unique*, servant d'une part au recouvrement de l'impôt, de l'autre à mettre sous la protection de l'autorité publique deux choses qu'il serait contre raison de scinder : la date et la publicité des actes. Or, c'est le receveur d'enregistrement qui perçoit l'impôt et le conservateur des hypothèques serait hors d'état de le percevoir, c'est par l'enregistrement que l'unité dans les mutations civiles et fiscales est réalisable, en le faisant servir à fixer la date certaine des unes et des autres ; c'est donc aussi à l'enregistrement qu'il faut demander la publicité. D'ailleurs ce serait une grande erreur de croire, en laissant subsister les deux formalités d'enregistrement et de transcription, sans s'inquiéter de la valeur que pourrait conserver la première, que la copie des titres sur les registres du conservateur conduirait à une publicité réelle.

Le point de départ de la réforme ne sera donc pas de donner plus d'importance et de généralité à la transcription ; mais de la rayer entièrement du code civil en tant qu'elle consisterait dans une seconde formalité imposée aux parties.

Cependant la concentration des mutations entre vifs et par décès au bureau de la situation des immeubles ne serait pas encore la publicité, si dans ce bureau la tenue des écritures ne pouvait se faire que de la manière dont elle est organisée au bureau des hypothèques. Car, comme nous l'avons vu, le conservateur n'a que des tables alphabétiques, à l'aide desquelles il découvre les actes transcrits ou inscrits dans son bureau. Les mutations ne deviendront publiques qu'autant que le receveur pourra répondre à cette question, que lui fera celui qui veut acheter des immeubles ou prêter des fonds sur hypothèque : « je vous donne l'indication des immeubles qu'on me propose d'acheter ou d'accepter pour sûreté d'un prêt hypothécaire , dites moi si celui qui s'en dit propriétaire l'est réellement et par quelles mains ils ont passé pendant les trente dernières années? » Il s'agit ici d'un intérêt culminant, auquel l'administration de l'enregistrement (*) croit impossible de satisfaire, parceque, dit-elle, deux faits dominent en France la situation de la propriété : d'une part le morcellement excessif du territoire, d'autre part la facilité et la fréquence des mutations; mais c'est précisément pour cela qu'il importe tant de s'appliquer à une bonne registrature à l'aide de laquelle le receveur pourra révéler au public, à la simple indication d'un immeuble de son canton, quelles sont les transcriptions d'actes qui s'y réfèrent, en d'autres termes quel est le propriétaire actuel, quels étaient les propriétaires antécédents. Ce n'est qu'après avoir acquis ce renseignement que l'acquéreur pourra acheter avec sécurité, que le créancier pourra sans crainte traiter avec celui qui se dit propriétaire ; ce n'est qu'alors qu'il deviendra possible de recourir avec fruit au bureau des hypothèques pour connaître les inscriptions existantes *aux noms* du propriétaire actuel et des précédents propriétaires. Or, la registrature par ordre d'immeubles, indépendamment de la registrature par ordre des noms des propriétaires, satisfera à tout. Voici comment nous pensons qu'elle pourrait être organisée.

Les registres de sections et l'atlas-plan des communes cadastrées, dûment entretenus, comme nous le proposons, par les contrôleurs à résidence fixe au même lieu que le bureau d'enregistrement, éclaireraient et le receveur et le public sur la désignation exacte des immeubles. Le receveur sera à même de tenir un registre calqué sur les livres de sections sauf les changements nécessaires dans lequel chaque parcelle sera désigné sommairement dans l'ordre qu'elle occupe sur l'atlas. Il y laissera des cases en blanc et des marges suffisantes pour l'interpolation des parcelles de nouvelle formation à mesure qu'elles seront déterminées par les titres et intercalées au registre de section, et pour l'annotation des mutations soit entre vifs, soit par décès, à chaque transcription qu'il opère.

En recourant à ce registre, qui suit l'ordre des immeubles, chaque fois qu'on lui présentera un extrait de la matrice du rôle de l'une des communes de son canton, il découvrira à l'instant, au moyen des annotations renvoyant au registre de transcription toutes les mutations que l'immeuble désigné à l'extrait a successivement subies. Cette registrature, ne laissera rien à désirer pour peu que les registres de section, sur lesquels elle sera fondée, soient entretenus avec soin par les agents du cadastre. Elle ne serait impraticable qu'autant qu'on voudrait la surcharger de l'annotation des hypothèques, ou la centraliser au chef-lieu de l'arrondissement dans le bureau des conservateurs. Mais, par suite

_____

(*) Voyez son rapport à la suite des documents publiés par ordre de M. le garde-des-sceaux, t. III, p. 556.

de quel fâcheux préjugé, considérerait-on les mutations comme insépables des hypothèques, et voudrait-on persister dans l'alternative ou d'ériger les receveurs en conservateurs des mutations et des hypothèques ou de faire cumuler aux conservateurs des hypothèques le service des mutations?

Les mutations se distinguent des hypothèques de toute la différence qui existe entre le droit principal de la propriété et les droits accessoires qui s'y rapportent: méconnaître cette différence dans la réorganisation des services administratifs, c'est se jeter de gaîté de cœur dans des difficultés inextricables. L'administration de l'enregistrement repousse avec raison les innovations de M. Loreau, (*) qui, sans parler d'autres difficultés d'exécution, compliqueraient les écritures des receveurs de l'inscription des hypothèques, inscription à laquelle d'ailleurs ils sont devenus complètement étrangers depuis que l'accroissement du travail a amené la séparation de leurs fonctions de celles des conservateurs des hypothèques. Il faut repousser bien davantage la proposition de quelques cours royales qui voudraient faire jaillir la publicité de la transcription obligatoire au bureau des conservateurs, en revenant au regime de la loi du 11 brumaire an VII établi il y a un demi siècle dans des circonstances fort différentes de celles où nous nous trouvons (**). Investir les conservateurs du service des mutations, ce serait gratuitement allourdir leur responsabilité; leur imposer l'obligation de suivre autant qu'il est en eux, et de seconde main, le mouvement de la propriété dans le vaste rayon d'un arrondissement composé de cent à deux cents communes dont chacune comprend un nombre toujours croissant de parcelles, alors qu'il entre dans les attributions des receveurs de suivre ce mouvement, dans le cercle infiniment plus étroit de leurs bureaux où s'enregistrent avant toute transcription et les actes constitutifs de la mutation et tant d'autres titres servant à les découvrir ou à les compléter. On satisfera à tous les besoins, chaque agent restera dans le rôle qui lui appartient (*suum cuique*) et le service des conservateurs ne fera que gagner par les indications précises qui leur seront données à l'avenir par les parties, si d'une part les écritures de celles-ci, uniquement relatives aux hypothèques restent ce qu'elles étaient jusqu'à présent, une registrature par ordre alphabétique, si de l'autre les écritures des rece-

---

(*) Dans l'opuscule cité dans une note précédente, il propose de faire cumuler aux receveurs les attributions du conservateur des hypothèques et celles des agents des contributions directes.

(**) Cette loi ne s'occupe que de la publicité des contrats de vente, à l'égard desquels l'enregistrement a perdu toute utilité, puisque les contrats ne deviennent opposables aux tiers que du jour de la transcription. Ce serait encore une bien plus grave déviation des principes, d'accueillir le projet de M. Decourdemanche, qui voudrait que les contrats fussent transcrits, (sans doute après avoir été enregistrés), et ne devinssent opposables aux tiers que du jour de l'inscription à la matrice cadastrale.

veurs uniquement relatives au service des mutations sont tenues par ordre d'immeubles. En effet l'immeuble étant connu, tel qu'il se comporte matériellement par l'extrait de la matrice du rôle, (c'est l'office du contrôleur), les noms des propriétaires successifs et leurs titres étant connus par l'extrait des mutations annotées en marge de la désignation de l'immeuble, (c'est l'office du receveur), le conservateur des hypothèques sera à même de certifier les charges hypothécaires pesant sur l'immeuble et sur le propriétaire *connus* par ces doubles extraits en recourant à la table *des noms des personnes* à l'encontre desquelles des inscriptions ont pu être prises.

La loi civile entourera donc la propriété des garanties qu'elle demande sous le rapport de la perfection et de la publicité des titres, en disposant des rouages puissants de l'administration de l'enregistrement. L'impôt qui se perçoit sur la valeur capitale des immeubles aurait-il à en souffrir ? Tout au contraire, il deviendra plus productif et plus facile à recouvrer. Si la loi civile refuse tout effet aux actes déclaratifs et translatifs de propriété jusqu'au jour de l'enregistrement, si ces actes doivent être présentés à la formalité par un officier public dans une forme authentique, avec la désignation précise des immeubles auxquels ils se rapportent, si ces actes sont mieux centralisés dans le bureau de la situation des immeubles, chacun mettra la plus grande spontanéité à se mettre en règle et par conséquent à payer aussi l'impôt ; il n'y aura plus de mutations clandestines causant tant de préjudice au trésor ; la répression de l'insuffisance de prix ou d'évaluation des immeubles sera facilitée par les indications précises que les receveurs puiseront et dans les titres qu'on leur soumet, et dans une meilleure registrature, modelée sur les livres de sections. L'impôt des mutations est le plus important des droits d'enregistrement; et l'on peut prévoir en présence de l'augmentation non interrompue des aliénations d'immeubles, que ses produits deviendront assez abondants, personne ne pouvant plus s'y soustraire ou l'atténuer dans son intérêt privatif, pour qu'il devienne possible de lui faire subir, dans un avenir peu éloigné, un notable dégrèvemement.

En résumé, le pacte d'alliance qu'il s'agit de conclure entre le droit civil et les lois bursales, ne peut qu'offrir des avantages à l'un comme aux autres. Celles-ci satisferont mieux aux besoins légitimes du trésor, sans écraser les contribuables par l'arbitraire et les inégalités de leur répartition. L'autre en s'efforçant de donner à la propriété foncière une base solide et une constitution régulière, atteindra ce double but par le concours simultané de deux administrations dont l'une rétablira l'ordre sur le sol, l'autre dans les titres.

Le projet d'une loi organique des mutations immobilières, que nous avons tenté d'ébaucher en 68 articles, n'entre point dans l'économie des codes et n'en dérange non plus la belle ordonnance. Au régime hypothécaire il donnera une base moins mouvante dans la propriété qui le fait naître, sans toucher aux dispositions du titre XVIII, livre III, du code civil. Cependant, il ne suffit pas de *constituer* la propriété, il faut aussi la *consolider* entre les mains des acquéreurs ; il faut offrir parallèlement à ceux-ci des garanties contre le risque ou de perdre l'immeuble, ou de payer au-delà de leur prix d'acquisition, à cause des charges qui grèvent la propriété, et aux créanciers privilégiés ou hypothécaires des garanties pour la conservation de leurs créances. Sous ce double rapport, il y a, au titre des privilèges et des hypothèques, deux sections traitant de la conservation des privilèges et du rang des hypothèques entre elles, et deux chapitres traitant du mode de purger les privilèges et les hypothèques de toute espèce, qui ne sauraient échapper à une refusion complète, tant leurs défectuosités sont grandes. Nous avons essayé de les corriger sans déranger la série d'articles et les divisions de l'ensemble du titre : comment se conservent les privilèges. (Articles 2106 à 2113).

Les formules que nous proposons expliqueront le mieux notre pensée et nous permettent de glisser légèrement sur un second plan de réforme qui n'est acceptable, en logique et en pratique, qu'autant qu'il est précédé de l'adoption d'un système régulier des mutations immobilières ; l'opinion est assez fixée sur ce point, que les privilèges doivent être soumis indistinctement à l'inscription, afin que l'acquéreur sorte de l'alternative ou de provoquer cette inscription par une procédure dispendieuse ou de rester indéfiniment exposé au danger de l'éviction par l'existence de charges occultes. On peut néanmoins concilier l'intérêt de l'acquéreur qui est aussi celui de l'aliénataire, avec celui des créanciers. La publication d'office et sans frais de l'acte de partage ou d'aliénation au moyen de la transcription au bureau d'enregistrement de la situation des immeubles, sera une sorte de provocation à l'inscription. A la conservation des droits des créanciers il sera avisé par le délai de quinzaine accordé pour l'inscription après la transcription et des garanties spéciales seront données à ceux qui, de propriétaires qu'ils étaient, deviennent des créanciers privilégiés par l'effet des partages et des aliénations. D'autres garanties sont nécessaires pour protéger les créanciers privilégiés comme les créanciers hypothécaires contre les abus que nous avons signalés, et qui entraînent la déperdition du gage.

Comment se conservent les hypothèques et quel sera leur rang ? (articles 2154 à 2145).

En appliquant même aux hypothèques légales les règles proposées à l'égard des privilèges, la législation serait singulièrement simplifiée, mais cette innovation serait trop radicale et ne se concilierait point avec la faveur que nos mœurs accordent aux incapables. On doit dès lors s'arrêter à un système de transaction.

La règle générale que la transcription provoque l'inscription des privilèges et des hypothèques peut être maintenue, à l'égard des hypothèques légales, dans les aliénations consommées ou autorisées en justice, pour peu que dans les procédures qui précèdent ces aliénations, il soit fait un appel efficace à toutes les personnes qu'elles concernent ou celles qui doivent surveiller leurs intérêts. Dans les aliénations purement volontaires où les formes judiciaires n'ont point été observées et où le prix d'aliénation n'a été débattu qu'entre le vendeur et l'acquéreur la règle doit fléchir devant une procédure particulière que l'économie du titre des hypothèqnes oblige de renvoyer au chapitre relatif aux purges.

Tout en faisant disparaitre l'embarras des hypothèques légales vis-à-vis des acquéreurs, ce dont profiteront autant les vendeurs que les prêteurs de fonds, l'intérêt des incapables sera prémuni par des garanties puissantes. On se bornerait à substituer les greffiers de justice de paix aux procureurs du roi, que cela suffirait pour assurer presque toujours l'inscription des hypothèques légales; car, dans le cercle étroit du canton, les faits donnant naissance à une hypothèque légale, ne sauraient leur échapper, ils assistent le juge de paix lors des appositions de scellés et dans les assemblées de famille et trouveront un double stimulant à l'accomplissement de leurs devoirs et dans la responsabilité qui pèsera sur eux et dans la juste rétribution de leurs peines.

Aujourd'hui, où tant de fortunes n'existent qu'en porte-feuilles, nous désirerions aussi pour la conservation du patrimoine des incapables, comme pour le soulagement des personnes qui le gèrent gratuitement, l'établissement d'une caisse de garantie pupillaire. C'est une institution qu'on pourrait emprunter avec avantage aux législations étrangères et qui conduirait par une transition naturelle à l'abolition des hypothèques occultes. (*)

Des rapports des privilèges et hypothèques avec les actes et jugements d'aliénation. (articles 2181 à 2185.)

Les chapitres VIII et IX sont les plus défectueux du titre, afin de ne pas déranger la série des chapitres, le chapitre VIII remplacera la disposition de l'article 2182 du code qui, selon la remarque de M. Troplong, est un vrai hors-d'œuvre à l'endroit où elle se trouve, et contiendra quelques dispositions générales propres à consacrer la liaison intime des privilèges et des hypothèques avec les mutations.

Dispositions particulières aux aliénations volontaires; de la provocation d'inscription des hypothèques légales et de la fixation du prix. (articles 2184 à 2195.)

Dans ce chapitre IX il ne restera à s'occuper que des aliénations volontaires. Dans tout autre genre d'aliénation les privilèges et les hypothèques ont dû être inscrits dans la quinzaine de la transcription au bu-

---

(*) En Angleterre, l'hypothèque légale n'existe pas : la loi garantit l'intérêt des femmes et des autres incapables par la faculté accordée à la femme de mettre ses biens hors de la disposition du mari, en nommant un ou plusieurs fidéi-commissaires, et surtout par l'établissement de la cour d'équité, qui exerce une haute surveillance sur les tuteurs et administrateurs, et leur enlève la gestion chaque fois que l'intérêt des incapables l'exige. Voir la revue de législation rédigée par M. Wolowski, tome II, pages 266 et suivantes.

reau d'enregistrement. Quant au prix, il a été fixé par une adjudication publique, précédée des formalités nécessaires pour y appeler les créanciers; il dépendait de ces derniers, qu'ils fussent privilégiés ou hypothécaires, d'user du droit de surenchère et, par addition à la loi du 2 juin 1841, l'article 18 de notre projet de loi des mutations interdit toute autre surenchère, afin qu'après l'observation de tant de formalités coûteuses, il ne faille pas frustratoirement interpeller de nouveau les créanciers, leur demander une seconde fois s'ils ne veulent pas user d'une faculté à laquelle ils ont déjà renoncé en parfaite connaissance de cause. Mais dans les aliénations purement volontaires il importe de retracer une procédure particulière, propre à remplacer le système incohérent du code sur la purge des hypothèques légales et inscrites. Assurément ce n'est pas taxer trop sévèrement deux procédures décousues, dont la dernière se relie seule aux poursuites autorisées par l'article 2169, dont la première laisse douter si, dans les deux mois de l'exposition fort obscure du contrat, les incapables sont dispensés de surenchérir et si, après l'inscription de leurs créances, une troisième procédure ne doit pas les mettre en demeure d'user de la faculté de surenchérir. Le code n'ayant accordé aux acquéreurs d'immeubles d'autre garantie contre les charges occultes que l'observation de la procédure retracée au chapitre IX, on s'afflige de voir que cette procédure, indispensable à la consolidation de la propriété et à l'établissement du crédit foncier, est inaccessible à la petite propriété, les frais qu'elle entraine absorbant la valeur des petites parcelles; qu'elle est livrée à l'imprévoyance des parties, n'étant pas obligatoire, et que, dans les cas fort rares où l'on y a recours, elle est spoliatrice de la fortune des incapables à raison de l'insuffisance du mode de provoquer l'inscription de leurs créances. Pour aller droit au but par une voie simple et peu coûteuse, il importe qu'avant tout les charges occultes soient mises au grand jour, que l'acquéreur soit mis face à face avec tous les créanciers privilégiés ou hypothécaires de son vendeur ou donateur. Lorsque les incapables auront pris la place qui leur appartient parmi les créanciers, il ne restera plus à ceux-ci qu'à s'entendre avec l'acquéreur pour le paiement de leurs créances, ou à formaliser des surenchères, si le prix indiqué dans le titre d'aliénation ou offert par l'acquéreur ne suffit point pour désintéresser tout le monde.

Là s'arrêtera, selon nous, pour le moment, la réforme hypothécaire. L'étendre à l'ensemble du titre des privilèges et hypothèques, nul besoin social ne l'exige. La propriété se consolidant complètement, se purgeant de toutes charges occultes, la meilleure conservation des privilèges et des hypothèques étant assurée, le propriétaire jouira de l'avantage de vendre et d'emprunter avec une égale facilité. Les prêteurs se préoccuperont peu de la collision de leurs droits dans des hypothèses exceptionnelles.

D'autres intérêts, plus ou moins secondaires, sont froissés trop rarement sous le régime actuel, pour qu'une protection plus forte soit nécessaire. D'ailleurs, en tranchant des difficultés de détail, dont les

plus ardues et les plus nombreuses ont été aplanies par la jurisprudence, on susciterait immanquablement de nouvelles contestations par
le remaniement du texte législatif. Enfin, simplifier davantage la matière
des hypothèques, n'est guère possible: elle est et demeurera compli-
quée, quoiqu'on fasse; car, comme le dit si bien M. Troplong : « elle
» remue les intérêts les plus nombreux et les plus graves ; elle met en
» conflit les droits les plus opposés et en même temps les plus dignes
» de faveur, et le législateur manquerait à sa mission si, par amour
» d'une simplicité systématique, il les courbait tyranniquement sous
» un joug absolu, plutôt que de les concilier par des tempéraments
» opportuns, au risque de sacrifier la simplicité à la justice civile. »
Qui ne se rappelle ici les paroles mémorables du premier consul, lors
de la discussion au conseil d'Etat des questions soulevées par la protection due aux créances des femmes et des mineurs : « Depuis que
» j'entends discuter le code civil, je me suis souvent aperçu que la
» trop grande simplicité dans la législation est l'ennemie de la pro-
» priété ; on ne peut rendre les lois extrêmement simples sans couper
» le nœud plutôt que de le délier, et sans livrer beaucoup de choses
» à l'incertitude de l'arbitraire ?

Ainsi le second projet que nous formulons, a pour objet restrictif la
consolidation de la propriété conçue de manière à prémunir les acquéreurs contre tout danger d'éviction, et à assurer aux créanciers privilégiés ou hypothécaires la conservation de leur créances.

Reste, pour compléter l'œuvre, un troisième projet ayant pour but
de hâter la réalisation de ces créances, que des lenteurs inouies et des
frais énormes compromettent au moment où l'acquéreur doit être prêt
à se libérer du prix de son acquisition et où il semble que les créanciers
n'ont qu'à tendre la main pour toucher ce prix et le répartir entre eux
dans la mesure de leurs droits.

La procédure d'ordre avancera d'un pas plus ferme lorsque des mutations régulières ne laisseront plus de doutes sur l'individualité des
immeubles et l'application des titres, comme aussi lorsque des purges
incomplètes ne mettront plus d'entraves à sa marche et à son exécution.
Mais pour lier étroitement cette procédure au système des mutations et
au régime hypothécaire, il est indispensable de réviser les articles 749,
750 et 775 du code de procédure civile ; car ces articles, en complète
desharmonie avec la doctrine de la cour de cassation, relativement à la
purge des hypothèques légales, en matière d'expropriation forcée,
seraient encore moins compatibles avec les règles nouvelles que nous
proposons (*). Une autre nécessité c'est de faire cesser une fausse assimi-

(*) On sait que dans son arrêt du 12 novembre 1821, la cour régulatrice avait
décidé, par application du code de procédure civile que l'expropriation forcée
purgeait les hypothèques légales, qu'en appliquant au contraire les principes du
code civil elle a consacré la thèse diamétralement opposée par son arrêt mémorable
du 22 juin 1853. Le rejet de l'amendement de M. Croissant, lors de la discussion

lation des valeurs immobilières aux valeurs mobilières : on dirait une somme d'argent déposée à la caisse des consignations, dont la distribution n'intéresse que le débiteur et ses créanciers. L'acquéreur n'est point appelé à l'ordre et il se délivre contre lui des mandements de payer, avant qu'il ait été mis en demeure de vérifier la régularité de la distribution, d'indiquer les déductions sur le prix d'acquisition auxquelles l'autorisent son titre ou la loi, enfin de se mettre en mesure de payer ou de faire connaître les causes d'éviction qui l'en empêchent.

Cependant ce ne serait pas encore assez pour prévenir les lenteurs et extirper les abus, auxquels le conseiller d'État Réal a fait allusion en soumettant le titre de l'ordre au corps législatif. Dans le silence de l'ordonnance de 1667 et à défaut de réglements précis et uniformes, il s'était accrédité des pratiques plus propres à augmenter les émoluments des greffiers et des procureurs, qu'à servir l'intérêt du public par une procédure rapide et économique. L'orateur du gouvernement s'est étrangement trompé en se flattant que le remède à ces désordres se trouverait dans la simplicité des formes introduites par le code de procédure civile. Pour ceux qui ont eu occasion de pénétrer les arcanes d'une collocation judiciaire, il n'est pas douteux qu'il n'y aurait pas autant de retards apportés à la liquidation des masses, que celles-ci ne seraient pas si souvent ruinées en frais, si, en visant trop à la simplicité, le législateur n'avait laissé du vague et des lacunes dans la procédure. En veut-on des preuves? En ne déterminant point de délais pour l'ouverture d'ordre, pour la sommation de produire adressée aux créanciers inscrits et pour l'interpellation aux créanciers produisants de prendre communication du travail du juge commissaire, la loi a abandonné à l'avoué qui, par la demande hâtive en nomination du commissaire s'est assuré le privilège de la poursuite, la faculté de presser ou de retarder à son gré la clôture d'ordre et la distribution définitive, car la demande en subrogation, autorisée par l'article 779, en cas de retard dans la poursuite serait une voie extrême, fort coûteuse, à laquelle il répugnera d'autant plus à un avoué de recourir au détriment d'un confrère, que la loi ne détermine point de délais et ne fait pas connaître quand le retard existe légalement. Veut-on un exemple de collocations abusives au profit d'officiers ministériels qui peuvent se cacher derrière le chiffre des prélèvements de frais parce que la loi n'a point prescrit une liquidation précise et détaillée sur le procès-verbal du commissaire, des frais de poursuite, des droits de greffe, d'enregistrement et de radiation? On le trouvera dans le commentaire de Chauveau sur le tarif (*). Il parle en effet, de tribunaux où les juges abandonnent aux avoués la rédaction de leurs procès-verbaux et *leur allouent des salaires pour prix de leur travail.* Dans d'au-

---

de la loi du 2 juin 1841, qui avait objet de provoquer l'inscription des hypothèques légales dans la procédure de saisie immobilière a laissé subsister l'antinomie constatée par la jurisprudence entre le code civil et le code de procédure.

(*) Voyez tome II, p. 239.

tres tribunaux ce travail est abandonné aux greffiers. Lors même que ce serait gratuitement, le greffier ou les officiers ministériels arrêtent donc la distribution définitive, qui embrasse nécessairement la taxation de leurs déboursés et de leurs honoraires, et deviennent juges et parties. Il est une foule d'autres abus, ayant pour effet de grossir démesurément les frais de distribution et de compromettre ainsi le sort des créances qui par leur rang hypothécaire semblaient à l'abri de toute perte. Ces abus, dont il est inutile d'entretenir la malignité publique, celui cité par Chauveau laissant deviner les autres, (*ab uno disce omnes*), n'existeraient point, s'il n'y avait point d'ombres pour les cacher; si les travaux individuels des commissaires et des officiers ministériels étaient constatés avec plus de précision, se résumaient dans un travail d'ensemble, propre à créer une sorte de jurisprudence commune entre les commissaires, une communauté de zèle et de surveillance. Tel est le but de l'établissement du registre de discipline intérieure que nous proposons; les formules que nous donnons nous dispensent d'en dire davantage (*).

Ici se ferme le cercle des réformes que nous voulions parcourir. Elles sont indispensables, elles doivent se succéder dans l'ordre indiqué par la nature des choses, et précéderont nécessairement toutes autres réformes qu'on pourrait tenter. Cependant avant de s'engager dans la voie si épineuse de la réforme, le gouvernement semble vouloir s'entourer des lumières de tous les hommes spéciaux, la carrière restera ouverte au financier et à l'économiste. Le premier devra résoudre le problème qui consiste à alléger les charges de la propriété foncière; le second cherchera par les organisations de banques territoriales ou d'autres établissements d'utilité publique à donner un nouvel essor au crédit, ce levier immense aussi nécessaire à la prospérité de l'agriculture qu'à celle du commerce et de l'industrie.

Nous n'osons les suivre dans ce nouveau genre d'explorations; peut-être avons-nous déjà dépassé la mesure de nos forces dans *l'essai d'un plan de réforme* que nous livrons à la publicité (**).

—

(*) Les divers genres d'obstacles qui s'opposent à la prompte expédition des ordres ont excité la vive sollicitude de M. le garde des sceaux, comme on peut le voir par son rapport au roi, du 10 avril 1842. Il a daigné accueillir avec une grande indulgence les observations fort explicites que nous avons eu l'honneur de lui soumettre sur cette matière.

(**) Le mémoire de M. Wolowski, relatif à la mobilisation du crédit foncier, a reçu une trop haute approbation, pour qu'il nous appartienne de le louer : mais l'auteur l'a dit lui-même : «pour que son projet puisse être mis à exécution, » il faut d'abord accomplir une réforme radicale dans ce qu'il appelle la *législation* » *hypothécaire.* »

DES

MUTATIONS IMMOBILIÈRES.

TITRE I.
Des Mutations entre-Vifs.

ARTICLE 1er

À l'avenir tous jugements et actes entre-vifs, à titre gratuit ou onéreux, emportant aliénation de biens susceptibles d'hypothèques, aux
termes de l'article 2118 du code civil; tous jugements et actes de
partage et de licitation, contrats de mariage dérogatoires à la communauté légale, quant aux immeubles présents des futurs époux, et
tous autres actes déclaratifs de propriété immobilière, seront assujettis
au mode d'enregistrement et de transcription et aux autres règles établies par le présent Titre.

ARTICLE 2.

Ceux des actes ci-dessus qui, d'après la législation actuelle, peuvent être passés sous seing-privé, devront, avant d'être présentés à la
formalité d'enregistrement, être déposés chez un Notaire et rangés au
nombre de ses minutes.

Le dépôt ne sera valable qu'autant qu'il aura été fait en présence des
parties, ou de leurs fondés de procurations authentiques, ou elles
dûment appelées.

L'acte déposé sera soumis à la formalité d'enregistrement, avec la
minute du procès-verbal de dépôt, qui, dans ce cas, ne donnera point
ouverture à la perception d'un droit particulier.

Le salaire des Notaires, pour la rédaction de l'acte de dépôt des actes
sous seing-privé, et pour celle des autres actes énumérés dans la présente loi, sera réglé et modéré dans la forme indiquée par l'article 10 de
la loi du 2 juin 1841 : dans le nouveau tarif, le revenu net des immeubles, tel qu'il est indiqué par la matrice du rôle de la contribution
foncière, en exercice lors de la passation des actes, servira de base
au salaire.

ARTICLE 3.

Les immeubles, auxquels se réfèrent les actes et jugements énumérés dans les deux articles ci-dessus, devront être indiqués et désignés conformément à la matrice cadastrale de l'année courante, dont un *extrait* sera joint, pour être extradé au Receveur, lors de l'enregistrement des minutes, sans dérogation aux prescriptions des articles 675, numéro 4, 690 et 712 du code de procédure civile, en cas d'expropriation forcée.

Cet extrait sera délivré, sur papier libre, par le Maire de la commune où l'immeuble est situé, et visé par le Contrôleur des contributions directes, ou délivré directement par ce dernier. Il sera fourni aux Notaires par les parties, et aux Greffiers par les Avoués dans les jugements qu'ils provoquent.

ARTICLE 4.

Outre l'extrait de la matrice, il sera présenté et extradé au Receveur, lors de l'enregistrement des minutes, *une copie collationnée,* par extrait, desdits actes et jugements.

Cette copie, distincte des grosses, expéditions et extraits qui sont délivrés aux parties, sera faite et certifiée, par le Notaire instrumentaire ou par le Greffier, sur papier libre; les dispositions et énonciations du Titre, étrangères à la constatation, au partage et à la translation de la propriété ou de l'usufruit des immeubles, seront retranchées de la copie.

L'extrait de la matrice, mentionné à l'article précédent, et la copie collationnée du Titre, sont destinés à rester en dépôt dans les bureaux d'enregistrement et à servir de base à l'inscription des mutations à la matrice cadastrale, de la manière indiquée au Titre IV, chapitre 2 de la présente loi.

ARTICLE 5.

Les actes et jugements de partage, de licitation et d'aliénation, qui auraient pour effet de diviser et morceler les parcelles d'immeubles, autrement qu'elles ne sont désignées dans l'extrait de la matrice en exercice, devront faire mention expresse de cette circonstance, et indiquer avec précision les changements à opérer sur la matrice prochaine.

A défaut de mention et indication suffisante pour opérer ces changements, ces divisions et morcellements seront réputés non écrits.

ARTICLE 6.

Seront pareillement réputées non écrites, illicites et contraires à l'ordre public, les dispositions des actes et jugements ci-dessus, qui auraient pour effet de morceler la contenance des immeubles au-dessous d'un are ou de 100 mètres carrés, dans les villes, bourgs et lieux ayant une enceinte fixe, ou dans les dépendances de maisons habitées ; et au-dessous de quatre ares dans tous autres lieux, sans préjudice aux mutations successives de terrains de moindre contenance, indiqués sur le plan cadastral des communes, ou sur la matrice du rôle de la contribution foncière, en exercice au jour de la promulgation de la présente loi.

Il n'est pas dérogé d'ailleurs aux lois de la grande et de la petite voirie, concernant l'établissement, la largeur et l'alignement des routes, chemins, rues et places publiques, ni à la faculté de morceler les immeubles, même au-dessous d'un are, dans un but d'utilité publique ou communale, ou dans un cas de nécessité, tel que celui prévu par l'article 682 du code civil, à la condition que l'utilité ou la nécessité du morcellement inférieur soient établies par jugement ou par des actes approuvés par l'autorité administrative compétente.

ARTICLE 7.

Au bureau désigné à l'article 26 de la loi du 22 frimaire an **VII**, le Receveur procédera à l'enregistrement sur minute des actes et jugements sus-mentionnés, selon le mode établi par l'article 7 du décret du 5-19 décembre 1790.

Il refusera de remplir cette formalité, (sauf à répéter les amendes sur les productions faites après les délais d'enregistrement)

1° Si des actes sous seing-privé sont présentés sans la minute de l'acte de dépôt chez un Notaire.

2° Si les minutes ne sont pas accompagnées de l'extrait de la matrice, mentionné à l'article 3, et de la copie collationnée, indiquée à l'article 4.

Il obtempérera à la réquisition d'enregistrement, lors même que la désignation des immeubles ne serait pas en corrélation avec la matrice, ou que les changements à opérer à cette matrice seraient indiqués d'une manière insuffisante, ou enfin qu'il y aurait morcellement prohibé des parcelles. Mais il constatera, en tête de la relation d'enregistrement, sur les minutes et sur ses propres registres, les infractions à la loi qu'il croira exister, sauf ce qui sera dit aux articles 54 et 55 du Titre IV.

Si le refus d'enregistrement, la nullité des actes, et le dommage causé par des désignations fausses ou incomplètes, proviennent de la faute ou de la négligence des Greffiers, Notaires et autres officiers ministériels ou fonctionnaires publics, ils en répondront vis-à-vis des parties et de toute personne ayant intérêt à connaître la mutation.

ARTICLE 8.

Indépendamment de l'enregistrement, à la même date, et sans aucune réquisition, *les Receveurs transcriront, sur un registre spécial, les copies collationnées* prescrites à l'article 4, si les immeubles, auxquels elles s'appliquent, sont situés dans la circonscription de leurs bureaux. Ils mettront, à la même occasion, en liasses, et garderont en dépôt, les susdites copies et les extraits de matrice correspondants.

L'observation de la formalité de transcription et la mise en dépôt seront certifiées sur les minutes enregistrées, et, si le Receveur en est requis par les parties, par certificat séparé, délivré sur papier libre et sans frais.

Les expéditions des actes et jugements ne pourront être délivrées aux parties, sans contenir les mentions du Receveur sur les minutes, sous les peines édictées contre les Notaires et Greffiers, pour défaut de mention de l'enregistrement.

ARTICLE 9.

Si les immeubles ne sont pas situés dans le bureau cantonal, où doit s'opérer l'enregistrement, le Receveur ne remplira que cette dernière formalité et transmettra, sur le champ, la copie collationnée et l'extrait de matrice annexé, au bureau de la situation, où le Receveur sera tenu d'opérer la transcription et le dépôt au jour de la réception desdites pièces.

ARTICLE 10.

Dans le cas ci-dessus, le Receveur, qui procède à l'enregistrement, devra constater, sur les minutes, la réception des copies collationnées et des extraits de matrice, et leur transmission au bureau où la transcription doit se faire; il reportera en outre la relation de l'enregistrement sur les copies à transmettre à son collègue.

Ce dernier joindra, à l'accusé de réception, le certificat de transcription de la copie collationnée et de la mise en dépôt de cette copie, avec l'extrait de la matrice. Ce certificat sera adressé sans frais, et par le prochain courrier, au bureau où les minutes ont été enregistrées. Les Notaires et Greffiers devront l'y retirer, l'annexer à leurs minutes et le relater dans les expéditions, comme il est dit à l'article 8, § dernier.

S'il y avait nécessité de délivrer des expéditions, avant l'arrivée du certificat de transcription, elles contiendront les mentions faites par le Receveur sur les minutes, et les Notaires et Greffiers fourniront subséquemment aux parties copie sur papier libre du certificat de transcription, soit au bas des expéditions, soit par acte séparé.

Article 11.

Si les immeubles sont situés dans différents cantons, il sera joint aux minutes autant de copies collationnées et d'extraits de matrice qu'il y a de cantons et, dans chaque bureau cantonal d'enregistrement, la transcription et le dépôt seront effectués, comme il est dit ci-dessus.

Article 12.

Les Receveurs correspondront entre eux, sans l'intermédiaire de leurs Directeurs ou de l'administration générale de l'enregistrement, pour le service des transcriptions, qui se fera en franchise par l'administration des postes.

En cas de perte des pièces confiées à la poste, les Notaires et Greffiers seront autorisés à délivrer de nouvelles copies collationnées à la réquisition des Receveurs d'enregistrement, qui se procureront eux-mêmes les extraits de matrice, sans préjudice de l'application de l'article 54 du Titre III, s'il y a faute ou négligence de leur part.

Article 13.

L'Enregistrement, opéré suivant les règles qui précèdent, *fixera invariablement la date,* à laquelle seront réputés consommés les partages et parfaites les donations, ventes et autres dispositions et aliénations d'immeubles, conformément aux articles 882, 883, 958, 1583 et autres du code civil.

A partir de cette date, les droits des co-partageants, propriétaires-donateurs, vendeurs et échangistes, seront réputés convertis en privilèges, conformément à l'article 2103 paragraphes 1 et 3 du même code, et les immeubles, qu'ils possédaient jusque-là, ne pourront plus, de leur chef, être grevés de privilèges, d'hypothèques et d'autres droits réels.

Article 14.

La date indiquée dans les actes sous seing-privé déposés, comme il est dit à l'article 2, en l'étude d'un Notaire, et la date des actes notariés en général, ne feront foi *qu'entre les parties contractantes*. A l'égard de toute autre personne, fut-elle l'héritière, l'ayant-cause à titre universel ou particulier de l'une des parties, les actes ci-dessus ne deviendront, conformément à l'article précédent, opposables que du jour de l'enregistrement.

En ce qui concerne les actes d'oppositions à partage, prévus à l'article 882 du code civil, et tous actes, qu'on soutiendrait avoir une existence antérieure au partage ou à l'aliénation, ils ne prévaudront qu'autant que la date de leur enregistrement sera antérieure à celle de l'enregistrement desdits partages et aliénations.

ARTICLE 15.

Les jugements feront néanmoins foi par eux-mêmes de leur date, jusqu'à inscription de faux, et seront opposables à toute personne, du jour où ils ont été rendus, quelle que soit la date de l'enregistrement. Il en sera de même des adjudications, passées devant un Notaire commis par justice, avec publicité, aux lieux et jours indiqués par affiches et annonces. Les actes, mentionnés au dernier paragraphe de l'article précédent, n'auront d'efficacité qu'autant qu'ils auront été enregistrés avant la date des jugements et adjudications.

Si cependant lesdits jugements et adjudications n'ont pas été enregistrés, dans les délais prescrits par l'article 20 de la loi du 22 frimaire an VII, ils ne feront plus foi de leur date et seront censés datés du jour de l'enregistrement seulement, vis-à-vis de toute personne, autre que les parties qui y ont figuré, conformément à l'article 14.

ARTICLE 16.

La transcription, qui accompagne ou qui suit l'enregistrement, a pour objet d'assurer, dans l'intérêt des tiers, la prompte publicité des actes et jugements enregistrés, et ce, indépendamment de la volonté des parties.

Elle ne modifiera point la fixité de la date, qui leur est imprimée par l'enregistrement, à moins que le propriétaire de l'immeuble ne l'ait aliéné deux ou plusieurs fois. Dans ce cas, le premier acte transcrit prévaudra, lors même qu'il serait le dernier enregistré, et l'ancien propriétaire sera réputé avoir conservé la propriété jusqu'à la date indiquée par l'enregistrement de l'acte premier transcrit, sans préjudice de l'action en dommages-intérêts au profit de l'acquéreur évincé. Néanmoins l'action en nullité sera ouverte à celui-ci, et à toute personne, intéressée à faire reporter l'aliénation à une date plus ancienne, si l'acquéreur préféré, en vertu de la priorité de la transcription, s'est rendu complice de la fraude de son vendeur ou donateur.

ARTICLE 17.

La transcription aura, en outre, pour objet de servir à la provocation d'inscription des privilèges et hypothèques, appartenant aux co-partageants, donateurs et vendeurs ou à leurs créanciers, au bureau de la conservation des hypothèques de l'arrondissement, où les immeubles sont situés.

Quelle que soit la date de l'enregistrement des actes et jugements, les délais établis par le régime hypothécaire, pour l'inscription et la purge desdits privilèges et hypothèques, ne courront que du jour de la transcription, et de celui de la dernière transcription, si les immeubles grévés de privilèges ou d'hypothèques sont situés dans différents cantons et bureaux d'enregistrement du même arrondissement.

ARTICLE 18.

Le délai de 10, 15 ou 20 jours, déterminé par l'article 20 de la loi du 22 frimaire an VII, pour l'enregistrement, ne courra, en cas d'aliénation après saisie transcrite ou de vente autorisée par justice, qu'après l'échéance des délais de surenchère, fixés par les articles 708, 965, 973, 988, 1001 du code de procédure civile et 573 du code de commerce.

S'il ne survient pas de surenchère dans ces délais, l'adjudication sera enregistrée et transcrite, comme il est prescrit au présent Titre, et ne pourra être frappée d'aucune autre surenchère.

En cas d'annulation d'une surenchère, le délai courra du jour de cette annulation et, si elle est validée, l'adjudication sur surenchère sera seule enregistrée et transcrite.

ARTICLE 19.

Les adjudications par folle-enchère seront enregistrées et transcrites, sans suspension de délais, et ne pourront être frappées d'aucune surenchère.

ARTICLE 20.

En cas d'aliénation purement volontaire, l'enregistrement et la transcription auront également lieu sans suspension de délai.

Si la surenchère du 10ᵉ est poursuivie, dans la forme indiquée à l'article 832 du code de procédure, l'adjudication, qui suivra, sera enregistrée et transcrite de nouveau, et les droits seront payés sur l'excédant du prix, sans que la nouvelle transcription puisse modifier les effets de la première, par rapport au régime hypothécaire.

ARTICLE 21.

En matière de partage et de licitation, il n'y aura lieu à l'enregistrement et à la transcription, suivant le mode tracé au présent Titre, qu'à l'égard des actes et jugements contenant attribution de lots ou aliénation définitive d'immeubles : les liquidations et autres actes seront enregistrés comme anciennement.

ARTICLE 22.

En matière de donation, si l'acceptation a été donnée séparément, on observera, pour les deux actes, les formalités d'enregistrement et de transcription, sans dérogation à l'article 932 du code civil.

ARTICLE 23.

En cas de demande en nullité ou en révocation de mutations entre-vifs ou testamentaires, le Receveur, qui enregistrera l'exploit introductif d'instance, en transmettra, sur le champ, un extrait, certifié par l'huissier instrumentaire ou par l'avoué constitué, au bureau de la situation des immeubles. Mention en sera faite au registre de transcription.

Le jugement, qui prononcera l'annulation ou la révocation, sera enregistré et transcrit, de même que l'arrêt infirmatif qui pourrait survenir.

S'il intervient une convention, qui réforme ou modifie les actes, jugements et arrêts, l'acte sera pareillement enregistré, transcrit et, s'il est sous seing-privé, déposé chez un Notaire, en conformité de l'article 2 du présent Titre.

TITRE II.
Des Mutations par Décès.

CHAPITRE I.
Des Déclarations de Succession.

ARTICLE 24.

Les déclarations de mutations de propriété ou d'usufruit, par décès, continueront à être faites, conformément à l'article 27 de la loi du 22 frimaire an VII, au bureau d'enregistrement de la situation des immeubles.

Si les déclarations ne sont pas faites à ce bureau, dans les délais prescrits, les héritiers ou légataires seront responsables, envers toute personne, du préjudice qu'a pu leur causer l'ignorance de la mutation, sans préjudice de l'amende, édictée par l'article 39 de la loi sus-mentionnée.

ARTICLE 25.

Les déclarations ci-dessus devront être passées, au préalable, devant un Notaire du canton, où tout ou partie des immeubles sont situés. Ce Notaire présentera la minute des susdites déclarations à l'enregistrement, avant l'échéance des délais, avec une copie collationnée et l'extrait de la matrice qui s'y réfère. Si les immeubles sont situés dans différents cantons, il présentera autant de copies qu'il y a de cantons.

La minute de la déclaration notariée, la copie et l'extrait seront affranchis du droit de timbre et d'enregistrement.

Le Receveur gardera en dépôt la copie collationnée et l'extrait de la matrice, qui concernent son bureau, et transmettra les autres aux différents bureaux, où des immeubles de la succession sont situés, de la manière exprimée au Titre I.

La transcription des copies de la déclaration sera faite sur le registre prescrit par l'article 8.

ARTICLE 26.

Si la déclaration ci-dessus n'est pas mise en rapport exact avec l'extrait de la matrice, si elle est insuffisante ou présentée hors des délais, par le fait du Notaire, il encourra la responsabilité établie par l'article 7 de la présente loi.

CHAPITRE II.

Des Testaments.

ARTICLE 27.

Les testaments olographes, ceux passés en pays étrangers et généralement ceux qui n'ont pas été reçus en France, par des Notaires, ou déposés en leurs études, avant la mort du testateur, ne pourront être mis à exécution, sur les immeubles de la succession, avant le dépôt dans une étude de Notaire : ils seront enregistrés, en même temps que la minute de l'acte de dépôt, dans le délai prescrit par l'article 20 de la loi du 22 frimaire an VII.

Tous autres testaments seront enregistrés conformément à l'article 21 de la même loi.

ARTICLE 28.

Si le testament contient une indication d'immeubles, ou s'il est à la connaissance du Notaire qu'il s'applique à une succession immobilière, il devra joindre, à la présentation du testament à l'enregistrement, une *déclaration*, par lui certifiée sur papier libre, dont il répondra comme il est dit à l'article 7.

Cette déclaration contiendra l'extrait du testament, avec les indications de situation et de désignation des immeubles, conformes à la matrice cadastrale, telles qu'elles résulteront du testament, comparé avec les renseignements que le Notaire aura été à même de se procurer.

S'il résulte du contenu de la déclaration, que les immeubles sont situés dans différents cantons, elle sera remise au Receveur en autant d'exemplaires qu'il y a de cantons connus.

ARTICLE 29.

La déclaration ci-dessus remplacera les copies collationnées et les extraits de matrice prescrits pour les mutations entre-vifs.

Si elle n'est pas remise au Receveur, au moment de la présentation de la minute des testaments et des actes de dépôt, il refusera de procéder à l'enregistrement, sauf à répéter l'amende encourue, dans le cas où le Notaire instrumentaire ne s'est mis en règle qu'après les délais d'enregistrement.

Si la déclaration paraît irrégulière, le Receveur en fera la constatation comme à l'article 7.

ARTICLE 30.

La déclaration du Notaire sera transcrite sur le registre prescrit par l'article 8, et mise en dépôt, dans les bureaux de la situation des immeubles, d'après les règles établies aux articles 8, 9, 10 et 11 du Titre I.

ARTICLE 31.

Sont déclarées applicables aux testaments les dispositions de l'article 6 du même Titre.

12

TITRE III.

De la publicité des Registres de Mutations Immobilières entre-Vifs & par Décès; des Certificats & de la responsabilité des Receveurs-Conservateurs des Mutations.

ARTICLE 32.

Les Receveurs sont tenus de délivrer, à tous ceux qui le requièrent, copie des transcriptions, opérées dans leurs bureaux, sur le registre à ce destiné.

Ils seront tenus pareillement de délivrer, au vu d'une réquisition écrite et signée sur papier libre, certificat analytique des mutations que chaque parcelle d'immeubles du canton a pu subir, d'après les indications du registre de transcription, durant la période que le requérant déterminera. Ce certificat ne pourra être exigé qu'autant que la réquisition donnera la désignation exacte des parcelles, correspondant à la matrice du rôle, dont extrait sera joint à la demande. Le certificat portera en tête la désignation des parcelles et analysera les mutations qui s'y réfèrent, de manière à faire connaître la date de toutes les transcriptions et annotations en marge du registre, la nature des actes transcrits, les noms, qualités et demeures des parties.

ARTICLE 33.

Pour prévenir toute erreur dans les certificats, quant à l'identité et aux modifications des parcelles, dont les mutations sont recherchées, les Receveurs sont autorisés de prendre, sans déplacement, communication et copie des plans et documents, déposés entre les mains des Contrôleurs des contributions directes, conformément à l'article 42 ci-après.

ARTICL 34.

Ils seront responsables du préjudice résultant :

1° De l'omission sur leurs registres de la transcription des copies collationnées et déposées, ainsi que de l'omission des annotations qui s'y réfèrent.

2° De la non transmission desdites copies et extraits de matrices aux autres bureaux, si les immeubles ne sont pas situés dans le bureau où s'opère l'enregistrement.

3° Du défaut de mention, ou de la mention erronnée, dans leurs certificats, d'une ou de plusieurs mutations et des annotations en marge du registre de transcription, à moins que l'omission ou l'erreur ne provienne de désignations fausses ou insuffisantes dans les actes et jugements.

ARTICLE 35.

Indépendamment de la tenue du registre de transcription et de la délivrance des copies et certificats qui s'y réfèrent, les Receveurs formeront des *états spéciaux* des notices ou analyses, prescrites par l'article 7 du décret du 5 décembre 1790, de tous actes et jugements, non sujets à transcription au bureau des Receveurs ou à inscription au bureau des hypothèques, et relatifs à des droits de servitude, d'usage et d'habitation, à des baux et antichrèses et à d'autres droits affectant la propriété ou la jouissance d'immeubles *désignés* dans les titres.

Ces états seront classés, par ordre des cantons du royaume, où les immeubles sont situés, et remplis jour par jour, au fur et à mesure que des actes sont présentés à l'enregistrement. A la fin de chaque mois, les Receveurs en transmettront une copie, certifiée sur papier libre, aux bureaux d'enregistrement des cantons, où sont situés les immeubles grevés de droits réels ou de jouissance.

Dans ces derniers bureaux, il sera délivré des extraits desdits états à toute personne, qui voudra connaître la date et la nature des actes qui peuvent affecter l'immeuble, qu'elle indiquera, de conformité à la matrice du rôle cadastral.

Ces extraits sommaires ne vaudront en justice qu'à titre de renseignements et n'auront, par eux-mêmes, aucune force probante.

ARTICLE 36.

A l'exception des copies et certificats mentionnés au présent Titre, les Receveurs ne pourront en délivrer d'autres, concernant des actes enregistrés, sans l'ordonnance du juge-de-paix, conformément à l'article 58 de la loi du 22 frimaire an VII.

ARTICLE 37.

Ils seront tenus de se conformer, dans l'exercice de leurs fonctions, à toutes les dispositions de la présente loi, à peine d'une amende de 50 à 500 francs, pour la première contravention et de destitution pour la seconde, sauf les dommages-intérêts des parties, qui seront payés avant l'amende.

Ils se conformeront en outre aux lois et réglements auxquels il n'est pas dérogé par la même loi.

ARTICLE 38.

Leurs salaires, pour la délivrance des extraits, continueront à être payés conformément à l'article 58 de la loi du 22 frimaire an VII. Néanmoins, en ce qui concerne les mutations transcrites dans leurs bureaux, si le certificat comprend plus d'une parcelle, d'après l'indication de la matrice cadastrale, le droit de recherche sera augmenté de moitié, pour chaque parcelle en sus de la première.

Les copies entières des transcriptions seront payées comme celles délivrées jusqu'à ce jour par les Conservateurs des hypothèques.

La transcription même sur le registre à ce destiné et la mise en dépôt des copies collationnées et des extraits de matrice , ainsi ,que les annotations en marge du registre de transcription, et la confection des états, prescrits à l'article 35, ne donneront ouverture à aucun salaire au profit des Receveurs.

TITRE IV.

De la Conservation du Cadastre parcellaire des Communes & de l'Inscription des Mutations sur les Matrices de Rôle de la Contribution Foncière.

CHAPITRE I.

De la conservation du Cadastre et des attributions des Agents de l'administration des Contributions directes.

ARTICLE 39.

L'administration des contributions directes reste chargée, par l'intermédiaire de ses Directeurs départementaux, de la rédaction des matrices de rôle de la contribution foncière des communes, conformément à l'article 5 de la loi du 5 frimaire an VIII.

Ladite administration aura, en outre, dans ses attributions, de conserver et de continuer à l'avenir les travaux d'art, qui ont été ordonnés par l'article 20 de la loi du 31 juillet 1821, et exécutés, par application de l'ordonnance du 3 octobre et du réglement du 12 octobre 1821, en tant que lesdits travaux entrent comme élément dans la composition des matrices cadastrales des communes.

ARTICLE 40.

Pour l'exécution de la disposition ci-dessus, il sera ajouté au personnel de la direction départementale, créé par l'article 3 de la loi du 3 frimaire en VIII, un Géomètre en chef, placé sous les ordres du Directeur, et relevant du Préfet pour tous les travaux publics du département.

En outre, le nombre des Contrôleurs sera élevé, de telle sorte, qu'il y aura à l'avenir, dans chaque canton, un contrôleur, ayant une résidence fixe, au lieu où se trouve établi le bureau d'enregistrement. Ils prendront le titre de Contrôleurs-Conservateurs du cadastre, et l'administration pourra, selon les besoins du service, leur adjoindre des surnuméraires non salariés.

Nul ne pourra à l'avenir être promu aux fonctions de Contrôleur ou être reçu surnuméraire, avant d'avoir justifié qu'il est en état d'exécuter les travaux que l'article 1ᵉʳ du réglement du 12 octobre 1821 avait confiés à des Géomètres spéciaux du cadastre. Cette justification sera faite dans un concours, ouvert devant le Directeur du département, dans les formes qui seront prescrites par un réglement d'administration publique.

Article 41.

Dans les six mois qui suivront la promulgation de la présente loi, il sera procédé, par ordre de cantons, au classement et à la copie des plans-atlas cadastraux des communes, des états de section et des documens qui s'y rapportent, provenant du travail des Géomètres du cadastre, tels qu'arpentages, calculs de contenance, tableaux indicatifs des propriétés, bulletins de contenance, états récapitulatifs et tableaux d'assemblage.

Les Directeurs feront exécuter ce travail par les Contrôleurs-Conservateurs du cadastre, sous la surveillance du Géomètre en chef. Ce dernier aura de plus, pour attribution spéciale, de préparer et d'entretenir les élémens nécessaires à la révision générale du cadastre, dans son département, et au renouvellement éventuel et intégral des états de section et des matrices de rôles des communes.

L'administration pourra adjoindre au Géomètre en chef, et aux Contrôleurs, des aides-Géomètres temporaires, pour l'exécution du travail prescrit au paragraphe premier du présent article.

Article 42.

Après la confection des travaux de classement et de copies, les Contrôleurs seront dépositaires responsables des copies de plans et d'états de section, qu'ils feront viser au préalable par les Maires des communes de leur canton, ainsi que de tous documens relatifs au cadastre parcellaires desdites communes.

Ce dépôt sera ouvert, conformément à l'articla 53, aux Receveurs d'enregistrement, et pourra être consulté, sans déplacement, par les répartiteurs, classificateurs et agens municipaux. Les contribuables pourront en obtenir des extraits, d'après un tarif déterminé par le Préfet.

Article 43.

Les Contrôleurs seront chargés de procéder aux levées de plans, arpentages et autres opérations, reconnues nécessaires pour constater les subdivisions, modifications et transformations de parcelles provenant des propriétaires, des cultures et des accidens de la nature.

Ils tiendront en outre les plans-atlas et les états de section, dont ils sont dépositaires, au courant des susdites subdivisions et modifications de parcelles, après la rédaction annuelle de la matrice et l'émission des rôles.

Si l'état matériel des plans et leurs dimensions ne comportent point ces changements, ou s'il peut en résulter de la confusion dans la configuration des parcelles, les Contrôleurs établiront autant de plans-subdivisionnaires et auxiliaires qu'il sera nécessaire, de manière à faire ressortir par des renvois leur corrélation avec l'atlas principal.

A la réquisition des Maires des communes du canton, le Contrôleur reportera, sur les états de section et sur les plans déposés au secrétariat desdites mairies, les changements qu'il opère sur les états et plans dont il est dépositaire. Il leur délivrera en outre, et à leurs frais, des copies des plans auxiliaires, suivant le tarif à déterminer par le Préfet.

CHAPITRE II.

De l'inscription des mutations à la Matrice cadastrale.

Le registre de transcription des mutations entre-vifs et par décès, et les copies collationnées, extraits de matrice et déclarations déposés au bureau d'enregistrement de la situation des immeubles, serviront à l'avenir de base aux changements et renouvellements de matrices, prescrits par les Titres IV et V de la loi du 5 frimaire an VII, et à l'entretien des plans et états des sections des communes.

A cet effet, il sera procédé ainsi qu'il suit :

ARTICLE 48.

Le *registre ou livre des mutations,* prescrit par les articles 55 de la loi du 5 frimaire an VII et 59 de la loi du 15-25 septembre 1807, sera tenu par le Contrôleur. Il y consignera préparatoirement les déclarations des parties ou des Maires, et les renseignements qu'il pourra obtenir, au sujet des mutations à appliquer aux plans-cadastraux, aux états de section et à la matrice de rôle.

ARTICLE 49.

Quinze jours, avant l'époque fixée chaque année par le Ministre, pour le transport du Contrôleur dans les communes de sa circonscription, afin d'arrêter sur les lieux l'*état ou relevé des mutations,* prescrit par l'article 55 précité de la loi de frimaire, il arrêtera, de concert avec le Receveur d'enregistrement du canton, le registre des transcriptions entre-vifs et par décès. Ce dernier lui fera, à cette occasion, la délivrance, contre récépissé collectif, des copies collationnées, des extraits de matrices et des déclarations déposés dans le courant de l'année en exercice.

ARTICLE 50.

Si l'application des actes et jugements transcrits aux atlas-plans et aux états de section ne présente aucune difficulté, le Contrôleur en fera le report immédiat sur l'*état ou relevé des mutations,* d'après les indications des copies et déclarations, dont le Receveur lui a fait la remise.

ARTICLE 51.

Ledit *état ou relevé des mutations* sera complété par lui et arrêté sur les lieux, au jour indiqué, 8 jours à l'avance, par une publication du Maire de chaque commune, pour tenir lieu de convocation aux contribuables et aux personnes désignées à l'article 52 de la loi du 5 frimaire an VII. Le Contrôleur sera assisté dans ses opérations par le Percepteur : ce dernier et le Maire, s'il est présent, auront voix consultative.

ARTICLE 52.

Le Contrôleur portera successivement sur l'*état* les mutations, à l'égard desquelles la visite des lieux, les déclarations et renseignements recueillis sur le terrain, ont fait disparaître toute difficulté sur l'application et la portée des actes et jugements transcrits.

Il corrigera les erreurs de contenance ou de désignation des parcelles, et les incorrections dans les noms et prénoms des propriétaires, qui lui seront signalées, pourvu qu'il n'y ait aucun doute sur l'identité des immeubles et des personnes. Il indiquera aussi avec précision sur l'*état*, les divisions et changements qu'il y a lieu d'opérer sur les plans et les états de section, et le fera signer par les personnes qui ont assisté à l'opération.

ARTICLE 53.

A l'égard des déclarations de mutations, non appuyées sur le registre de transcription et les copies collationnées, elles ne pourront sous aucun prétexte être portées sur l'état ou relevé des mutations.

ARTICLE 54.

S'il y a opposition à l'inscription des mutations sur l'état du Contrôleur, ou impossibilité d'appliquer les titres au terrain, à raison de leur collision, de leur obscurité et de leur insuffisance, ou enfin si l'application de ces titres au terrain fait ressortir un morcellement prohibé par les articles 6 et 31 de la présente loi, il en dressera procès-verbal circonstancié sur la feuille des déclarations, et invitera les parties présentes de signer avec lui, le Maire et le Percepteur.

Dans les cas ci-dessus, la mutation ne pourra être inscrite à la matrice de l'exercice prochain, et devra être régularisée, au moyen d'un nouvel acte ou jugement enregistré et transcrit, suivant les règles tracées au Titre I.

ARTICLE 55.

Lorsque l'état des mutations et la feuille des déclarations seront parvenus, avec les copies, extraits et déclarations provenant du dépôt du Receveur de l'enregistrement, au Directeur des contributions du département, ce dernier rédigera la *matrice du rôle* et, avant l'émission du rôle de la contribution foncière, il fera réintégrer, au bureau du susdit Receveur, les mêmes copies, après les avoir visées et y avoir constaté les corrections prévues à l'article 52, ou les causes de non inscription à la matrice indiquées à l'article 54.

Ces constatations du Directeur seront émargées dans le registre des transcriptions et reproduites dans les certificats subséquents du Rece-veur d'enregistrement.

Le Contrôleur de son côté fera, immédiatement après la rédaction de la matrice, les changements nécessaires aux plans et états de section, déposés entre ses mains et au secrétariat des communes. Les extraits de matrice qu'il délivrera, et ceux des Maires qu'il approuvera par son visa, devront, à partir de l'émission des rôles, être conformes à ces change-ments. Il sera garant de l'exactitude desdits extraits et de tous autres qu'il délivrera.

Article 56.

Au moyen des dispositions ci-dessus, l'administration de l'enregis-trement ne pourra à l'avenir former aucune demande de droits, ni invo-quer aucune présomption de mutation entre-vifs, en vertu des articles 12 de la loi du 22 frimaire an VII et 4 de la loi du 27 ventôse an IX ; et l'administration des contributions directes imposera l'ancien proprié-taire à la contribution foncière, aussi longtemps que la mutation ne sera pas établie conformément à la présente loi.

La contribution foncière sera recouvrée, dans le cas ci-dessus, comme il est dit à l'article 36 de la loi du 5 frimaire an VII, indépen-damment du recours contre les fermiers et locataires, autorisé par l'article 147 de la même loi. En outre, le privilège, établi par la loi du 12 novembre 1808, s'étendra, en cas d'insuffisance des revenus, sur l'immeuble même et s'exercera avant ceux énumérés à l'article 2105 du code civil.

TITRE V.

Dispositions générales et transitoires.

ARTICLE 57.

Au moyen de l'enregistrement et de la transcription des actes et jugements au bureau d'enregistrement de la situation des immeubles, il ne sera plus opéré de transcription aux bureaux de conservation des hypothèques. Les mentions à faire dans le cas de l'article 958 du code civil, et dans d'autres cas analogues, auront lieu au même bureau d'enregistrement, en marge du registre de transcription.

Jusqu'à ce qu'il soit autrement ordonné, les transcriptions de saisies réelles, et les émargements y relatifs, continueront à se faire au bureau de la conservation des hypothèques. Néanmoins, l'adjudication qui suivra la saisie sera enregistrée et transcrite suivant la présente loi, et la mention prescrite par l'article 716 du code de procédure civile aura lieu au bureau des hypothèques, sur la simple exhibition du certificat de transcription au bureau d'enregistrement, sans que le Conservateur puisse exiger la remise ou la présentation d'une expédition de l'adjudication.

ARTICLE 58.

Au moyen des déclarations, enregistrements et transcriptions prescrits au Titre II, il n'y aura plus lieu au double enregistrement voulu par l'article 1000 du code civil, à l'égard des testaments faits en pays étranger.

ARTICLE 59.

Jusqu'à ce qu'il soit statué d'une manière générale sur l'application de l'article 17 du Titre I au régime hypothécaire, le délai de quinzaine, mentionné à l'article 854 du code de procédure civile, courra du jour de la transcription indiquée audit article 17.

Dans ledit délai de quinzaine, le vendeur ou propriétaire dépossédé devra prendre lui-même au bureau des hypothèques l'inscription qui, jusqu'à ce jour, était prise d'office par le Conservateur des hypothèques, en vertu de l'article 2108 du code civil.

Article 60.

Dans les mutations par décès, le Titre II ne sera appliqué qu'aux successions ouvertes depuis la promulgation de la présente loi.

Article 61.

Dans les mutations entre-vifs, les actes sous seing privé, contenant partage ou aliénation d'immeubles, seront soumis immédiatement à toutes les dispositions de la présente loi, si, lors de sa promulgation, ils n'ont pas acquis de date certaine par l'un des moyens indiqués à l'article 1328 du code civil.

Article 62.

Les actes sous seing-privé, ayant acquis date certaine par le décès de l'un des signataires, et tous autres actes et jugements énumérés à l'article 1er, ayant une date antérieure à la promulgation de la loi, *sans avoir été enregistrés*, seront soumis à la formalité d'enregistrement d'après le mode suivi jusqu'à ce jour, et les effets de cet enregistrement seront ceux déterminés par les lois anciennes, sauf ce qui sera dit de la transcription.

Article 63.

La transcription aux hypothèques, antérieure à la présente loi, produira les effets que l'ancienne législation y attachait. De plus, soit qu'elle ait été obligatoire ou facultative, cette transcription assurera, aux actes et jugements, la préférence sur ceux transcrits en conformité de la loi actuelle, et produira tous les effets attachés à la transcription par les articles 16 et 17 du Titre I.

Article 64.

Les actes authentiques et jugements enregistrés avant la loi actuelle, ou depuis, suivant l'article 62, et non encore transcrits, devront, pour produire les effets attachés à la transcription par cette loi, être présentés à la transcription, *aux bureaux d'enregistrement de la situation des immeubles, par les parties elles-mêmes*, sans qu'elles puissent recourir à l'intermédiaire des Receveurs.

Cette transcription devra être requise, au plus tard dans les 6 mois qui suivront la promulgation de la présente loi, sur la présentation :

1° D'une expédition ou grosse du titre, sur laquelle le Receveur fera la mention qui, d'après l'article 8 du Titre I, doit être portée à l'avenir sur les minutes enregistrées.

2° D'une copie collationnée qui devra être délivrée par les Notaires ou Greffiers dans la forme prescrite à l'article 4 du même Titre.

Les actes sous seing-privé enregistrés, et non déposés chez un Notaire, pour produire les effets attachés à la transcription, devront être déposés par les parties ou l'une d'elles, leurs héritiers ou ayant-cause, chez un Notaire du canton, où tout ou la majeure partie des immeubles sont situés, après sommations aux autres parties intéressées d'assister au dépôt. Le Notaire présentera la minute de l'acte de dépôt au Receveur, accompagnée de l'original déposé et de la copie collationnée, qu'il certifiera, le tout conformément aux articles 2 et 4 du Titre I. L'acte de dépôt sera, par mesure transitoire, rédigé sur papier libre et enregistré gratis, à la condition qu'il soit présenté en temps utile au Receveur, pour que la transcription de la copie collationnée puisse avoir lieu dans le délai de six mois, fixé par le paragraphe 2 du présent article.

Article 65.

À défaut de transcription, dans le délai de six mois ci-dessus fixé, les actes et jugements seront réputés non enregistrés sous les rapports civils et fiscaux.

S'ils sont présentés au Receveur, après le délai de six mois, il se conformera à l'article 7 du Titre I, et les autres dispositions du même Titre, concernant l'enregistrement et la transcription d'office, seront appliquées.

Article 66.

Jusqu'au jour de la promulgation de la prochaine loi de finances, les dispositions du Titre I et II, relatives à l'enregistrement et à la transcription, ne pourront donner lieu ni à augmentation, ni à diminution des droits actuellement perçus.

Jusqu'à ladite époque, les Receveurs d'enregistrement continueront à percevoir le demi pour cent, établi par l'article 54 de la loi de finances du 28 avril 1816, sur les actes qui étaient, avant la loi actuelle, *de nature* à être transcrits au bureau des hypothèques. Ils percevront aussi le droit fixe d'un franc, perçu jusqu'à ce jour par les Conservateurs des hypothèques, en vertu de l'article 61 de ladite loi. Mais lesdits droits proportionnels et fixes ne pourront être réclamés sur les actes et jugements qui, jusqu'à ce jour, n'étaient pas considérés comme susceptibles de transcription.

Article 67.

La prochaine loi de finances statuera également sur l'allocation des fonds à mettre à la charge de l'Etat, des départements ou des communes, pour l'exécution du Titre IV, chapitre I.

Article 68.

Le mode d'inscription des mutations à la matrice cadastrale, établi par le chapitre II du Titre IV, sera appliqué pour la première fois, après l'échéance du délai de 6 mois, fixé, tant par l'article 41 du même Titre, que par l'article 64 du présent Titre.

Après ce délai, l'inscription des mutations à la matrice cadastrale se fera, en vertu d'actes et jugements transcrits, sans distinction entre la transcription prescrite par les Titre I et II et celle transitoire

DES
PRIVILÈGES ET HYPOTHÈQUES.

(Changements proposés au Titre XVIII, Livre III du Code Civil).

SECTION IV DU CHAPITRE II.

Comment se conservent les Privilèges.

(*Articles* 2106 *à* 2113).

ARTICLE 2106.

Les privilèges ne produiront d'effet, à l'égard des immeubles, qu'autant qu'ils sont rendus publics par l'inscription sur les registres du Conservateur des hypothèques.

Cette inscription devra être prise, au plus tard, dans la quinzaine qui suivra la transcription des actes et jugements d'aliénation, par application de l'article 17 de la loi des mutations.

A défaut d'inscription, le créancier privilégié sera réputé simple chirographaire et, s'il est vendeur, il perdra en outre le droit de résolution consacré par l'article 1654 du code, sans préjudice de la déchéance qu'il peut encourir en vertu de l'article 717 du code de procédure civile.

ARTICLE 2107.

En cas de partage, de licitation et d'aliénation, l'inscription du privilège des co-partageants, co-licitants ou vendeurs devra être prise à la diligence des Notaires qui, aux termes de l'article 4 de la loi des mutations, auront certifié *les copies collationnées* et, s'il s'agit de jugements, à la diligence des Avoués qui auront occupé dans les partages, saisies immobilières et adjudications faites devant le tribunal.

Les Notaires et Avoués seront responsables de l'accomplissement de cette formalité, à moins qu'ils ne justifient que les parties ont voulu renoncer au privilège ou prendre elles-mêmes l'inscription.

ARTICLE 2108.

A l'égard des autres privilèges, énoncés à la section II et à l'article

2104 de la section III du présent chapitre, les inscriptions seront prises par les parties elles-mêmes, en vertu du premier acte constitutif de chaque privilège.

ARTICLE 2109.

Le privilège dérivant de l'article 878 du code ne sera conservé, sur immeubles de la succession, qu'autant que les créanciers ou légataires, qui voudront l'exercer, auront formé leur demande contre les héritiers, avant les partages, licitations et aliénations et que l'inscription aura été prise, en vertu de l'exploit introductif d'instance, au plus tard dans la quinzaine de la transcription.

Cette inscription sera prise à la diligence de l'huissier, qui aura signifié l'exploit, ou par l'Avoué constitué, si l'huissier lui a fait parvenir ledit exploit en temps utile. Ils en répondront, comme dans le cas de l'article 2107, paragraphe final.

ARTICLE 2110.

Au moyen de l'inscription, le créancier conservera le droit de préférence établi par les articles 2095 et 2096, le droit de suite sur les immeubles et de surenchère, et tous autres droits qui seront déterminés ci-après.

ARTICLE 2111.

Indépendamment des morcellements prohibés par l'article 6 de la loi des mutations, sont déclarées nulles les aliénations partielles et successives des immeubles affectés, que le débiteur pourrait faire, après l'inscription du privilège. Il en est de même des cessions ou abandons de jouissance, de la perception anticipée des loyers et fermages, et de toute autre voie détournée, qui aurait pour effet de fruster le créancier inscrit de tout ou partie de sa créance, sauf l'annulation des actes antérieurs à l'inscription, s'il y a collusion entre le débiteur et ceux qui ont traité avec lui.

ARTICLE 2112.

Si, après l'inscription, le débiteur divise les immeubles affectés et les aliène simultanément au profit de divers acquéreurs, les formalités, que ces derniers auront à remplir, en conformité du chapitre IX du présent Titre, seront observés à la requête de tous, ou de l'un d'eux, agissant dans leur intérêt collectif, à peine de nullité de toute procédure séparée.

Il ne pourra non plus, dans le cas ci-dessus, être poursuivi plusieurs ordres pour la distribution du prix des immeubles simultanément aliénés, s'ils sont situés dans un seul et même arrondissement.

ARTICLE 2113.

Les acquéreurs, mentionnés à l'article précédent, ne pourront, à peine de nullité, opérer des aliénations, même simultanées et totales, des immeubles affectés au privilège, sans le consentement du créancier inscrit, ou avant la radiation de son inscription.

SECTION IV DU CHAPITRE III.

Comment se conservent les Hypothèques.

(Articles 2134 à 2145).

ARTICLE 2134.

Les hypothèques ne produiront d'effet, à l'égard des immeubles, qu'autant qu'elles sont rendues publiques par l'inscription, de la même manière et dans les mêmes délais que les privilèges, sauf ce qui sera dit du délai d'inscription des hypothèques légales dans les aliénations volontaires.

A défaut d'inscription des hypothèques, même légales, dans les délais déterminés, le créancier hypothécaire sera réputé simple chirographaire, comme il est dit à l'article 2106 à l'égard des créanciers privilégiés.

ARTICLE 2135.

L'inscription fixera le rang des créanciers hypothécaires, quelle que soit la date de leurs titres, à l'exception des hypothèques légales.

En outre, l'inscription seule assurera aux hypothèques, même légales, le droit de suite, celui de surenchère et ceux établis pour la conservation des privilèges par les articles 2111, 2112 et 2113.

ARTICLE 2136.

L'hypothèque légale des mineurs, des interdits et des femmes mariées, prend rang, si elle est inscrite dans les délais prescrits :

1° A dater du jour de l'acceptation de la tutelle, sur les immeubles des tuteurs, à raison de la gestion de la fortune des mineurs et interdits.

2° A dater du mariage, sur les immeubles des maris, à raison de la dot des femmes et des conventions matrimoniales.

La femme n'a hypothèque pour les sommes dotales qui proviennent de successions à elle échues ou de donations à elle faites pendant le mariage, qu'à compter de l'ouverture des successions, ou du jour que les donations ont eu leur effet.

Elle n'a hypothèque pour l'indemnité des dettes qu'elle a contractées envers son mari, et pour le remploi de ses propres aliénés, qu'à comp-du jour de l'obligation ou de la vente.

Si elle fait cession de son hypothèque légale, le cessionnaire ne pourra plus invoquer le bénéfice des dispositions ci-dessus; sa créance ne prendra rang que du jour de l'inscription.

ARTICLE 2137.

Dans les aliénations *consommées ou autorisées en justice*, l'hypothèque des mineurs, interdits et femmes mariées, devra être inscrite, comme les autres hypothèques ou privilèges, au plus tard dans la quinzaine de la transcription, au moyen de l'observation des formalités ci-après :

1° En cas d'adjudication après saisie, dénoncée et publiée conformément aux articles 692, 696 et 699 du code de procédure, la sommation mentionnée à l'article 692 devra être notifiée, tant aux créanciers déjà inscrits sur l'immeuble saisi, qu'*au Greffier de la justice-de-paix du canton de sa situation, avec interpellation à ce dernier de rendre publiques, par l'inscription, les hypothèques légales qui de son su peuvent grever l'immeuble.* L'annonce au journal judiciaire et les placards, affichés conformément aux articles 696 et 699 précités, feront mention expresse de cette sommation, et contiendront *itérative provocation à l'inscription des hypothèques légales.*

2° En cas de partage et de licitation judiciaire, de vente de biens des mineurs, des successions bénéficiaires ou vacantes, des faillites ou de toute autre aliénation autorisée en justice, la sommation au Greffier de la justice-de-paix de la situation des immeubles, prescrite par le paragraphe précédent, sera faite, avant les jugements qui autorisent les partages, licitations et aliénations, et y sera visée. Les placards et les annonces, prescrits par les articles 958, 959, 960 et 961, feront aussi mention de la sommation et contiendront itérative provocation à l'inscription des hypothèques légales.

Les formalités prescrites, dans les deux paragraphes qui précèdent, seront observées à peine de nullité de toute la procédure, et l'inscription des hypothèques légales devra être prise, soit par le Greffier de la justice-de-paix, soit par les autres personnes indiquées aux articles 2139 et 2140 ci-après.

ARTICLE 2138.

Dans les aliénations *purement volontaires*, l'hypothèque des mineurs, interdits et femmes mariées ne sera point subordonnée à l'inscription dans la quinzaine de la transcription. Leurs créances ne seront réputées chirographaires, qu'autant qu'elles n'auront pas été inscrites dans le délai fixé au chapitre IX du présent Titre, après l'observation des formalités qui y sont prescrites pour provoquer l'inscription.

ARTICLE 2139.

Sont toutefois les tuteurs et maris tenus, avant toute aliénation et provocation, de rendre publiques les hypothèques, dont leurs biens sont grêvés, et, à cet effet, de requérir eux-mêmes, dès l'époque où elles auront pris naissance, inscription aux bureaux à ce établis, sur les immeubles à eux appartenant, et sur ceux qui pourront leur appartenir par la suite.

Les tuteurs et maris qui, ayant manqué de requérir et de faire faire les inscriptions ordonnées par le présent article, auraient consenti des hypothèques sur leurs immeubles, *sans déclarer expressément* que lesdits immeubles étaient affectés à l'hypothèque légale des mineurs, interdits et femmes, seront réputés stellionataires et comme tels contraignables par corps.

S'ils font déclaration de l'hypothèque légale, leurs créanciers ne pourront, à peine de nullité, requérir l'inscription de l'hypothèque à eux consentie, sans requérir à la même date, celle des mineurs, interdits ou femmes mariées.

A défaut par les maris et tuteurs de déclarer les hypothèques légales et d'en faire faire l'inscription, celle-ci pourra être requise par les parens et amis du mari, de la femme, de l'interdit et du mineur et par ces derniers eux-mêmes.

ARTICLE 2140.

Les Notaires, qui auront rédigé les contrats de mariage, les subrogés-tuteurs, membres des conseils de famille et notamment les Greffiers de justice-de-paix, qui auront connu l'existence d'hypothèques légales, seront tenus, sous leur responsabilité personnelle, et sous peine de tous dommages-intérêts, de veiller à ce que les inscriptions soient prises sans délai sur les biens du tuteur ou du mari, même de prendre eux-mêmes lesdites inscriptions.

Les Conservateurs refuseront les inscriptions qui feraient double emploi.

ARTICLE 2141.

Pour faciliter aux Greffiers des cantons, où le mariage a été célébré et où les successions et tutelles se sont ouvertes, la recherche des hypothèques légales, les Maires des communes seront tenus de leur transmettre, sans frais, de quinzaine en quinzaine, les extraits des actes de l'état civil et des déclarations de domicile survenus dans cette période. En cas de retard ou d'omission dans cet envoi, lesdits Maires seront responsables de la non inscription de l'hypothèque légale, si elle en a été la suite.

Les Greffiers, ou autres personnes dénommées à l'article 2140, qui prendront inscription, feront élection de domicile à la justice de paix des cantons où les biens sont situés. Si l'inscription a été régulièrement et valablement prise, dans les cas déterminés par l'article 2156, ils auront une action en recours contre mari et femme, ou contre les tuteurs, pour les frais de timbre et de rédaction des bordereaux ; les frais d'inscription seront avancés par le Conservateur, comme il sera dit à l'article 2155.

Article 2142.

Avant son entrée en fonctions, le tuteur pourra, par une délibération du conseil de famille, homologuée par le tribunal, obtenir la restriction de l'hypothèque légale à un ou certains immeubles, et l'affranchissement de ceux qui ne seront pas indiqués ou qui pourraient lui échoir par la suite : la totalité des immeubles présens et futurs pourront même être affranchis de l'hypothèque, si le tuteur peut fournir des sûretés mobilières.

Il sera constitué à cet effet une *Caisse de garantie pupillaire*, gérée sans frais, au nom de l'État, par les Receveurs particuliers des finances, et dans laquelle les tuteurs et maris, qui ne voudraient ou ne pourraient pas donner de sûretés immobilières, déposeront des capitaux ou inscriptions de rentes équivalentes, dont les intérêts leur seront payés, ainsi que le tout sera réglé par une loi particulière.

Article 2143.

Après l'entrée en fonctions du tuteur, et dans le cours de sa gestion, il pourra, si les sûretés données sont excessives, en obtenir la réduction, par une nouvelle délibération du conseil de famille, homologuée par le tribunal.

Si, au contraire, les sûretés originairement données ne sont plus en rapport avec l'accroissement de la fortune pupillaire, elles pourront être augmentées par une autre délibération, provoquée par le subrogé-tuteur ou un membre des précédens conseils de famille. Cette délibération ne recevra son exécution, si elle est attaquée par le tuteur, qu'après que le tribunal aura statué sur son opposition. Si l'augmentation porte sur des immeubles, l'hypothèque ne prendra rang que du jour de l'inscription, dont le subrogé-tuteur répondra seul vis-à-vis des mineurs et interdits.

ARTICLE 2144.

Le tuteur, qui aura obtenu l'affranchissement de tout ou partie de ses immeubles de l'hypothèque légale, ne pourra s'en prévaloir que du jour, où il aura remis, au Conservateur des hypothèques de la situation desdits immeubles, expédition des actes et jugements qui ont accordé cet affranchissement.

Le Conservateur fera les radiations ordonnées et refusera les inscriptions qui seraient requises contrairement aux actes et jugements intervenus.

ARTICLE 2145.

L'hypothèque légale des femmes pourra être restreinte ou remplacée par la consignation dans la *Caisse de garantie pupillaire*, conformément à l'article 2142, au moyen d'une stipulation du contrat de mariage, à la condition, qu'en cas de minorité de la femme, elle y ait consenti avec l'assistance des personnes indiquées à l'article 1398.

Les dispositions relatives à l'affranchissement des immeubles du tuteur, durant sa gestion, seront également appliquées au mari, durant le mariage, à la condition qu'il obtienne le consentement préalable de sa femme, et que ce consentement soit ratifié par une délibération du conseil de famille, homologuée par le tribunal.

S'il y avait lieu à une augmentation de sûretés, elle pourra également être ordonnée par le conseil de famille, dont la convocation sera provoquée par la femme elle-même ou par toute personne apte à faire partie dudit conseil. En cas d'opposition du mari, la délibération ne sera exécutée qu'après que le tribunal aura statué. L'hypothèque qui en résultera ne prendra rang que du jour de l'inscription, prise à la diligence d'un membre du conseil de famille, à ce délégué par la délibération.

L'article 2144 sera pareillement appliquée au mari et à l'hypothèque légale de la femme.

CHAPITRE VIII.

Des rapports des Privilèges et Hypothèques avec les Actes et Jugements d'aliénation.

(*Articles* 2181 à 2185).

ARTICLE 2181.

Les privilèges et hypothèques ne pourront avoir d'effet sur les immeubles aliénés, qu'autant que leur date sera antérieure aux aliénations, ou fixée par les aliénations, conformément aux articles 13, 14 et 15 de la loi des mutations.

ARTICLE 2182.

Leur conservation est subordonnée à l'inscription, conformément aux règles établies à la section IV du chapitre II et à la section IV du chapitre III du présent Titre.

L'inscription aura produit tous ses effets et ne sera plus renouvelée, nonobstant toutes ultérieures mutations de propriété, si le délai de dix ans, déterminé par l'article 2154, ne vient à échéance qu'après la transcription de l'acte ou jugement, par lequel le débiteur direct du créancier a été dépouillé de la propriété de l'immeuble.

A partir de cette transcription, les créances privilégiées ou hypothécaires conserveront l'ordre et le rang, sans nouvelle inscription, même pour les intérêts à courir jusqu'au paiement.

A partir de la même transcription, ou avant, s'il est ainsi stipulé, l'intérêt du prix d'acquisition sera pareillement dû par l'acquéreur, sans qu'il puisse consigner contre le gré des créanciers inscrits ou à leur préjudice.

ARTICLE 2183.

Dans les aliénations forcées ou autorisées par justice, l'acquéreur ne pourra délaisser l'immeuble, et répondra, sur tous ses biens, du paiement du prix et des accessoires, vis-à-vis des créanciers inscrits.

Il se libérera, après la quinzaine de la transcription, dans les délais fixés par le cahier des charges et l'adjudication, dont les conditions lieront également les créanciers.

Si une créance inscrite n'est pas susceptible d'être payée dans les termes stipulés, l'acquéreur sera tenu de garder en mains les fonds nécessaires à son acquittement, jusqu'à l'époque de son exigibilité.

Dans les aliénations volontaires, il se conformera aux règles établies au chapitre suivant.

Dans toutes espèces d'aliénation, la distribution du prix entre les créanciers inscrits se fera à l'amiable ou en justice, de la manière expliquée au code de procédure, Titre de l'ordre.

Les saisies-arrêts, interposées entre les mains de l'acquéreur, ne pourront recevoir d'effet qu'après le paiement intégral des créanciers inscrits. Ce cas arrivant, il pourra être tenu de consigner les deniers restant disponibles, et la distribution se fera ensuite par contribution.

CHAPITRE IX.

Dispositions particulières aux aliénations volontaires ; de la provocation d'inscription des Hypothèques légales et de la fixation du prix.

(*Articles* 2184 *à* 2195).

ARTICLE 2184.

L'acquéreur qui, en cas d'aliénation volontaire, ne voudra, ni délaisser l'immeuble, ni acquitter le montant des créances privilégiées ou hypothécaires, inscrites ou dispensées d'inscription jusqu'à la provocation, devra, après la quinzaine de la transcription de son contrat, et au plus tard dans les 30 jours de la sommation indiquée à l'article 2169, faire insérer, dans le Journal des annonces judiciaires de l'arrondissement où les biens sont situés, l'extrait des mutations antérieures non purgées et de son propre titre d'acquisition, tel que cet extrait sera délivré par le Receveur d'enregistrement, de conformité à l'article 52 de la loi des mutations.

La publication sera faite, en vertu d'un acte d'Avoué, portant en tête l'extrait ci-dessus et la déclaration que cette publication a pour objet de provoquer l'inscription des hypothèques légales occultes, qui peuvent grever les immeubles, du chef du dernier et des précédens propriétaires.

Copie de la publication sera signifiée, avant l'échéance des 30 jours de la sommation, par huissier commis, de la manière indiquée à l'article 832 du code de procédure civile, au Greffier de la justice de paix du canton où les biens sont situés. L'huissier ne pourra rédiger qu'un original d'exploit, qu'il présentera à l'enregistrement successif de chaque Receveur, si les immeubles sont situés dans plusieurs cantons du même arrondissement.

Il sera fait mention de cette signification, en marge des transcriptions, et dans les certificats délivrés ultérieurement, en vertu de l'article 32 précité de la loi des mutations.

(DISPOSITION FINANCIÈRE).

Le Receveur ne percevra, sur la signification ci-dessus, que le droit d'enregistrement réduit, d'après l'article 41 de la loi de finances du 28 avril 1816, et s'il y a plusieurs bureaux, l'enregistrement se fera gratis, excepté dans le premier bureau. L'extrait du Receveur, l'acte d'Avoué et le journal, en vertu desquels la signification est faite, ne donneront lieu à aucune perception de droits.

ARTICLE 2185.

A dater du dernier enregistrement, le Greffier, auquel l'exploit a été notifié, et toutes autres personnes, indiquées aux articles 2139 et 2140, seront reçues, pendant 40 jours francs, sans augmentation à raison des distances, à requérir, s'il y a lieu, au bureau des hypothèques de l'arrondissement, des inscriptions sur l'immeuble aliéné, avec élection de domicile dans le canton de sa situation.

Les effets de ces inscriptions remonteront aux époques déterminées à l'article 2156.

Les Conservateurs refuseront les inscriptions faisant double emploi comme il est dit à l'article 2140.

ARTICLE 2186.

Si, dans ce délai, il n'est pas pris d'inscription, les femmes, mineurs et interdits, qui avaient une hypothèque légale sur les immeubles aliénés, seront réputés simples chirographaires, conformément à l'article 2134, sauf leur recours contre les personnes dénommées aux articles 2139 et 2140.

ARTICLE 2187.

Dans la huitaine suivante, les créanciers inscrits en vertu d'hypothèque légale, et ceux antérieurement inscrits, pourront contraindre l'acquéreur de payer son prix d'acquisition, entre leurs mains, sans autres formalités, s'ils lui déclarent unanimement, qu'ils sont satisfaits du prix indiqué dans son contrat, ou de l'évaluation de l'immeuble acheté, donné ou échangé, et qu'ils renoncent à la faculté de surenchérir.

Les incapables pourront adhérer à cet acte, comme il est dit à l'article 744 du code de procédure.

Dans le cas ci-dessus, l'acquéreur sera tenu de se libérer, conformément à l'article 2185, sans pouvoir invoquer les termes de paiement fixés par son contrat. Mais il déduira du prix les frais de provocation d'inscription des hypothèques légales, nonobstant toute stipulation contraire.

Article 2188.

A défaut d'accord entre les créanciers inscrits, l'acquéreur, qui ne voudra point prendre à sa charge personnelle le montant des créances inscrites, devra, dans la huitaine suivante, notifier son titre d'acquisition, aux domiciles élus dans les inscriptions :

1° Aux créanciers ayant inscrit leurs privilèges et hypothèques, au plus tard, dans la quinzaine de la transcription.

2° Aux créanciers ayant hypothèque légale inscrite, au plus tard, dans le délai de 40 jours déterminé à l'article 2185.

Article 2189.

La notification ci-dessus sera faite en vertu d'un acte d'Avoué contenant:

1° Copie nouvelle de l'extrait des mutations, avec la mention des dates de publication et d'enregistrement prescrite à l'article 2184.

2° Extrait plus ample du titre de l'acquéreur, indiquant le prix et toutes les charges de la vente ou l'évaluation de l'immeuble, s'il a été donné ou échangé. Il sera fait mention, en outre, de l'état et de la division de l'immeuble, en corrélation avec la matrice de rôle, et de la personne préposée à l'exploitation.

5° Un tableau sur trois colonnes, indiquant, dans l'ordre des mutations successives, les privilèges et hypothèques, qui seront classés dans l'ordre et le rang qui leur appartiennent, d'après le dépouillement de l'état des inscriptions. La première colonne contiendra dans l'ordre ci-dessus la date des privilèges et hypothèques ; la deuxième les noms, prénoms, professions et demeures des créanciers; la troisième, le montant du principal des créances inscrites, s'il est indiqué.

L'acquéreur ou donataire déclarera par cet acte, qu'il est prêt à acquitter, sur le champ, nonobstant les termes stipulés, les dettes et charges privilégiées ou hypothécaires, jusqu'à concurrence seulement du prix, sans distinction des dettes exigibles ou non exigibles, et avec intérêts au plus tard du jour de la transcription. En outre, dans le cas où son titre comprendrait des immeubles et des meubles, ou plusieurs immeubles, les uns engagés, les autres non engagés, situés dans les mêmes ou dans différents cantons et arrondissements, aliénés pour un seul et même prix, ou pour des prix distincts et séparés, soumis ou non à la même exploitation, il déclarera le prix de chaque immeuble frappé d'inscriptions particulières et séparées, par ventilation, s'il y a lieu, du prix total exprimé dans le titre ou évalué, le tout à peine de nullité.

Cet acte d'Avoué sera notifié par l'huissier précédemment commis: la rédaction, l'enregistrement et l'émargement de la notification se feront comme il est dit à l'article 2184.

(DISPOSITION FINANCIÈRE).

Le droit d'enregistrement sera perçu comme il est dit au même article 2184.

ARTICLE 2190.

Lorsque le nouveau propriétaire aura fait cette notification, tout créancier qui a dû la recevoir, pourra requérir la mise aux enchères de l'immeuble engagé, avec ou sans les autres immeubles compris dans la notification, de la manière réglée au code de procédure civile, (articles 832, 836, 837 et 838), à la charge :

1° Que cette réquisition sera signifiée à l'Avoué du nouveau propriétaire, dans 40 jours, au plus tard, de la notification faite à la requête de ce dernier, en y ajoutant deux jours par cinq myriamètres de distance entre le domicile élu et le domicile réel de chaque créancier requérant;

2° Qu'elle contiendra soumission du requérant, de porter ou faire porter le prix à un dixième en sus de celui qui a été stipulé dans l'acte d'aliénation, ou déclaré par le nouveau propriétaire;

3° Que la même signification sera faite, dans le même délai, aux précédents propriétaires débiteurs des créanciers, au domicile réel, s'ils demeurent dans l'arrondissement, sinon au greffe du tribunal;

4° Que l'original et les copies de l'acte seront signés par le créancier requérant ou par son fondé de procuration authentique, lequel, en ce cas, est tenu de donner copie de sa procuration;

5° Qu'il offrira de donner caution jusqu'à concurrence du prix et des charges; le tout à peine de nullité.

ARTICLE 2191.

Le créancier surenchérisseur ne pourra, en aucun cas, être contraint d'étendre sa soumission, ni sur le mobilier, ni sur d'autres immeubles que ceux qui sont engagés à sa créance et situés dans le même arrondissement; sauf le recours du propriétaire dépossédé partiellement contre son auteur, pour l'indemnité du dommage qu'il peut éprouver de la division de son acquisition et de celle des exploitations.

ARTICLE 2192.

A défaut de réquisition d'enchères, la valeur de l'immeuble demeure définitivement fixée au prix stipulé dans le contrat, ou déclaré par le nouveau propriétaire, sans préjudice du droit des créanciers, qui ne seraient pas payés, de faire révoquer les actes, ayant pour objet de dissimuler le véritable prix, et de se faire attribuer la portion du prix dissimulé, suivant l'ordre et le rang privilégié et hypothécaire.

ARTICLE 2193.

A défaut de réquisition d'enchères, l'acquéreur sera obligé personnellement et tenu de se libérer comptant, comme il est dit à l'article 2187, en déduisant du prix, outre les frais de provocation d'inscription des hypothèques légales, ceux de la notification aux créanciers inscrits.

ARTICLE 2194.

En cas de revente après surenchère, l'acquéreur ou donataire dépossédé sera remboursé des frais et loyaux coûts de son contrat, et de ceux faits pour parvenir à la revente, par le tiers-acquéreur, qui supportera en outre ses propres frais.

Le tiers-acquéreur lui avancera aussi les frais de provocation et de notification, dont il est question à l'article précédent, sauf à les déduire sur son propre prix d'acquisition, à moins qu'il n'existe des causes de compensations, en vertu de l'article 2175, ou autrement.

ARTICLE 2195.

Si, après la surenchère, l'acquéreur ou donataire se rend dernier enchérisseur, il aura son recours contre le vendeur ou donateur pour le remboursement de ce qui excède le prix stipulé, ou les charges imposées par son titre, et pour l'intérêt de cet excédant, à compter du jour de chaque paiement.

NOTE.

Les dispositions fiscales, proposées à la suite des articles 2184 et 2189, ne pouvant trouver place dans le code civil, devraient être consacrées immédiatement par une loi de finances. S'il est de l'intérêt des propriétaires et de ceux qui leur prêtent des fonds, qu'à l'avenir il ne puisse s'opérer d'aliénation, sans que les immeubles soient immédiatement purgés de toute espèce de privilèges et d'hypothèques, il faut que les procédures soient à la fois simplifiées et exonérées de droits d'enregistrement hors de proportion avec la valeur minime des propriétés morcelées.

Une réduction analogue des droits *fixes* d'enregistrement devrait être opérée sur la dispendieuse procédure en surenchère après aliénation volontaire. Le fisc y gagnerait autant que les créanciers hypothécaires ; car ces derniers pourraient, en usant plus souvent de cette voie, se prémunir contre la dissimulation des prix d'acquisition, qui, dans la vente des petites parcelles, dépasse toutes les bornes, parce que les fraudeurs n'ont pas à redouter une surenchère, dont les frais excéderaient la valeur des immeubles aliénés. On sait d'ailleurs combien le recours à l'expertise, autorisé par l'article 17 de la loi du 22 frimaire an VII, est un remède illusoire contre ce genre de dissimulation ou de fraude.

DE

L'ORDRE.

(Changements proposés au Titre XIV, Livre V, du Code de Procédure Civile).

(*Articles* 749 à 779).

ARTICLE 749.

L'acquéreur d'immeubles, aliénés par voie d'expropriation forcée, avec autorisation de justice, ou volontairement, ne pourra être contraint de payer le prix, qu'après la transcription de l'acte ou du jugement d'aliénation, l'expiration des délais d'inscription des privilèges et hypothèques, et de ceux de surenchère sur aliénation volontaire, déterminés par la loi des mutations et le régime hypothécaire.

Dans le mois, qui suivra l'échéance des délais, les créanciers et la partie saisie, ou le vendeur et donateur, sont tenus, si leurs droits ne sont pas déterminés vis-à-vis de l'acquéreur, de s'entendre, sur la distribution du prix, par un réglement passé devant Notaire, en présence de l'acquéreur, ou à lui notifié.

ARTICLE 750.

Le mois expiré sans réglement amiable, et non avant, sous peine de nullité, les créanciers inscrits, la partie saisie, le vendeur, le donateur et l'acquéreur pourront, au greffe du tribunal de la situation des immeubles, requérir, par le ministère d'Avoués, la nomination d'un juge-commissaire, devant lequel il sera procédé à l'ordre.

Ils joindront, à leurs réquisitions, les actes qui justifient que les délais d'inscription des privilèges et hypothèques, ceux de surenchère et le mois accordé pour la conciliation sont écoulés, et tous autres documents en leur possession, nécessaires ou utiles à la poursuite et à la confection de l'ordre.

ARTICLE 751.

Il sera tenu, à cet effet, par le Greffier du tribunal, *un registre de discipline intérieure*, exempt des frais de timbre et d'enregistrement, dans lequel les réquisitions relatives à chaque ordre seront consignées, sur un feuillet distinct, au fur et à mesure qu'elles sont faites. Les pièces jointes à chaque réquisition seront indiquées dans une colonne particulière du registre, de la manière prescrite à l'article 108 du code.

ARTICLE 752.

Huit jours après la date de la première réquisition, le Président nommera, sur le registre de discipline, un juge-commissaire, devant lequel l'ordre sera ouvert, et désignera la partie et l'Avoué, à la requête et à diligence desquels la poursuite aura lieu, dans le plus grand intérêt de la masse, sans avoir égard à la priorité de dates des réquisitions.

Sa décision ne sera susceptible d'aucun recours.

ARTICLE 753.

Le poursuivant requerra l'*ouverture d'ordre*, par requête présentée au commissaire, dans la huitaine de sa nomination, et y joindra l'acte ou jugement d'aliénation et l'état des inscriptions, existantes à l'échéance des délais indiqués à l'article 749, à moins que ces pièces ne se trouvent déjà jointes à l'une ou l'autre des réquisitions consignées sur le registre de discipline.

Si, dans la huitaine de la nomination, la requête d'ouverture d'ordre n'est pas présentée au commissaire, le Président désignera immédiatement, sur le registre de discipline, un autre Avoué qui présentera sa requête dans la huitaine suivante.

ARTICLE 754.

Le procès-verbal d'ouverture constatera la date de la présentation de la requête et des actes qui ont fait courir les délais de la conciliation et de l'ordre judiciaire, et le commissaire y annexera, sur le champ, les pièces jointes à la requête d'ouverture et aux réquisitions d'ordre, qu'il indiquera spécialement, comme utiles à la confection de son travail, quelle que soit la partie qui en aura fait la production sur le registre de discipline. Le commissaire déchargera le registre de ces pièces, de la manière indiquée à l'article 109 du code : celles non employées n'entreront point en taxe et seront retirées sans frais par les parties.

S'il manque des pièces essentielles à la confection de l'ordre, le commissaire en ordonnera l'apport, à la diligence du poursuivant, dans le délai qu'il déterminera dans le procès-verbal d'ouverture. L'apport des pièces sera constaté plus tard, comme à l'article 756.

Le procès-verbal sera terminé par la mention de l'ordonnance, que le commissaire devra délivrer, à la même date, au bas de la requête énoncée à l'article précédent, aux fins de sommer les créanciers de produire à l'ordre, par l'huissier qu'il commettra pour la poursuite.

ARTICLE 755.

Si, après l'ouverture et avant la clôture de l'ordre, de nouvelles réquisitions sont faites sur le registre de discipline, pour la distribution du prix d'immeubles omis, le Président nommera, pour la distribution complémentaire, le commissaire, dont le procès-verbal est ouvert, sans rien statuer sur la jonction.

Dans ce cas, le commissaire ouvrira un second procès-verbal d'ordre, et surseoira au premier, s'il y a utilité de les réunir, jusqu'à ce que le second soit au même degré : ils seront alors réunis par le commissaire et poursuivis par l'Avoué qu'il désignera.

ARTICLE 756.

En vertu de l'ordonnance du commissaire, les créanciers seront sommés de produire, par acte signifié aux domiciles élus par leurs inscriptions, ou à celui de leurs Avoués, s'il y en a qui ont fait des réquisitions sur le registre de discipline.

Cette sommation sera signifiée, dans la huitaine de l'ouverture d'ordre, et déposée en original au greffe, au plus tard dans la huitaine suivante. La date de la signification et celle du dépôt seront certifiées, par l'Avoué poursuivant et le Greffier, sur le procès-verbal du commissaire.

Ce dernier prononcera une amende de dix francs, solidairement contre l'Avoué et l'huissier commis, par chaque jour de retard dans la signification ou le dépôt au greffe. Il désignera en outre, à la suite de son procès-verbal, un autre Avoué et un autre huissier, pour la reprise et la continuation des poursuites.

Les dates des significations et dépôts, et le remplacement de l'Avoué, s'il a été ordonné, seront mentionnés dans des colonnes, à ce réservées, au registre de discipline.

ARTICLE 757.

Dans le mois de la sommation, chaque créancier sera tenu de produire, par acte d'Avoué, sa demande motivée aux fins de collocation, appuyée des titres et des mémoires de frais dûment taxés, à peine de rejet de la production.

Mention de chaque production sera faite sur le procès-verbal et signée par l'Avoué, le Greffier et le commissaire : la demande en collocation ne prendra date que du jour de cette mention.

ARTICLE 758.

Le mois expiré, le commissaire dressera, ensuite de son procès-verbal, *un état de collocation provisoire,* sur les pièces produites.

Dans cet état, il établira d'abord le montant de la masse active à distribuer. Il portera, en déduction du prix, en cas d'aliénation volontaire, les frais mentionnés aux articles 2187 et 2193 (révisés) du code civil, et tous autres frais dont la déduction a pu être ordonnée précédemment par jugement. Ces frais seront taxés par le commissaire, s'ils ne l'ont pas été avant l'ordre.

Sur le montant de la masse réduite, il colloquera par préférence, sans réquisition ou acte de production, les frais de poursuite à liquider ultérieurement. Il colloquera ensuite, selon l'ordre et le rang qui leur appartiennent, les créanciers produisants, pour le montant de leurs créances, les frais de productions et de bordereaux, en ne portant que pour mémoire ces derniers frais et les intérêts des capitaux à courir jusqu'à la clôture de l'ordre.

En cas d'insuffisance de la masse, les créances non utilement colloquées seront néanmoins liquidées à la suite de celles colloquées, dans l'ordre et au rang qui leur appartiennent.

ARTICLE 759.

La confection de l'état de collocation sera dénoncée, dans la huitaine, par l'Avoué poursuivant aux créanciers produisants, par acte d'Avoué à Avoué, avec sommation d'en prendre communication et de contredire, s'il y échet, sur le procès-verbal du commissaire, dans le délai d'un mois.

Cette sommation sera signifiée également aux parties saisies, vendeurs, donateurs et acquéreurs des immeubles, dont le prix se distribue, soit à Avoués, s'ils en ont constitués, soit à domicile ou personne par l'huissier commis pour la poursuite. S'ils n'ont ni domicile réel, ni domicile élu dans l'arrondissement, la signification sera faite par l'huissier qui sera désigné par le commissaire.

Le poursuivant justifiera de ces significations et de leur dépôt au greffe, avec le mémoire des frais de poursuite, dans la huitaine suivante, sous les peines prononcées à l'article 756, contre lui et l'huissier commis, à moins qu'il ne soit établi que le retard provient des significations à faire hors de l'arrondissement.

Les mentions au registre de discipline seront faites comme il est prescrit au paragraphe dernier de l'article précité.

Article 760.

Le commissaire fera la taxe des actes de poursuite, dès que l'Avoué en aura effectué le dépôt au greffe, et en portera le montant sur le procès-verbal, sans préjudice des frais à faire ultérieurement. L'Avoué pourra, par déclaration consignée sur ledit procès-verbal, former, dans les trois jours, opposition à la taxe, et sur le rapport du commissaire en chambre du conseil, le tribunal statuera en dernier ressort, sans que l'Avoué ou les parties puissent être appelés au jugement. La décision sera rendue, et mentionnée sur le procès-verbal, avant l'échéance du mois des sommations.

Avant l'échéance du dit mois, il pourra pareillement sur le procès-verbal être formé opposition à la taxe des frais énoncés à l'article 758, § 2. Le tribunal statuera sur le champ, de la manière ci-dessus prescrite.

Article 761.

Les créanciers qui n'auront produit qu'après la confection de l'état préparatoire, seront reçus dans leurs demandes, si elles sont formées avant l'échéance du mois de la sommation pour prendre communication et contredire. La commission dressera, dans ce cas, un état supplémentaire et rectificatif, qui sera dénoncé, aux frais des créanciers retardataires, de la manière prescrite à l'article 759.

Article 762.

A défaut de productions nouvelles, dans le cas de l'article précédent, et à défaut de contestations élevées sur le procès-verbal, dans le mois de la notification de l'état préparatoire, celui-ci sera réputé acquiescé, tant par les créanciers qui se sont présentés, que par les non produisants, la partie saisie, le vendeur ou donateur et les acquéreurs.

Le commissaire déclarera en conséquence, sur le procès-verbal, *la clôture de l'ordre* et dressera, sur le champ, *l'état de collocation définitive.*

Cet état contiendra :

1° La fixation du montant de la masse active, au moyen du calcul des intérêts jusqu'à la clôture de l'ordre, déduction faite des frais dont parle l'article 758.

2° La liquidation générale des frais de poursuite d'ordre, comprenant, outre ceux déjà taxés, le détail des frais de timbre et d'enregistrement du procès-verbal et des droits de greffe, les frais de radiation des créances non utilement colloquées, et ceux d'expédition de l'ordonnance de radiation et du bordereau, qui sera délivré à l'Avoué poursuivant, en vertu de la liquidation générale. Le commissaire fera mention expresse du nombre de rôles d'expédition qu'il a alloués au Greffier.

3° La liquidation des créances subséquemment colloquées, au moyen du calcul des intérêts jusqu'au jour de la clôture de l'ordre, et l'indication des frais de production et d'expédition du bordereau, avec la mention du nombre de rôles alloués au Greffier. Il sera ajouté à chaque bordereau les frais de radiation d'inscriptions, qui seront retenus par les acquéreurs, au fur et à mesure qu'ils acquitteront les bordereaux.

4° L'indication des acquéreurs et des paiemens à faire par chacun, soit à l'avoué poursuivant, soit aux créanciers utilement colloqués.

5° L'ordre au Greffier de faire aux créanciers la délivrance des bordereaux.

6° L'ordonnance de radiation des créances non utilement colloquées, indiquant les noms des créanciers, la date et le numéro d'ordre des inscriptions, à radier à la diligence de l'Avoué poursuivant.

ARTICLE 763.

Si, avant la clôture de l'ordre, des contestations sont élevées, elles seront consignées sur le procès-verbal du commissaire, et contiendront des conclusions motivées. Il y sera répondu en la même forme. On observera pour cette réponse aux contredits, et pour la réplique des contredisans, les délais déterminés par les articles 77 et 78 du code, sans qu'il puisse être signifié aucun acte d'Avoué à Avoué ou à partie.

Les pièces à l'appui des dires y seront indiquées et déposées.

Si les dires de chaque partie dépassent deux rôles, l'excédant de timbre du procès-verbal sera mis à la charge de celle qui l'aura employé.

ARTICLE 764.

Les créanciers, postérieurs en ordre de privilège ou d'hypothèque aux collocations contestées, seront tenus de s'accorder sur le champ entre eux sur le choix d'un Avoué; sinon ils seront représentés par l'Avoué du dernier créancier colloqué. Le créancier, qui contestera individuellement, supportera les frais auxquels sa contestation particulière aura donné lieu, sans pouvoir les répéter, ni employer en aucun cas. L'Avoué poursuivant ne pourra en cette qualité prendre part à la contestation.

ARTICLE 765.

A l'échéance des délais, pour la réponse et la réplique, le commissaire prononcera sur le procès-verbal le renvoi à l'audience, et indiquera le jour où il fera son rapport.

Néanmoins, à l'égard des créances antérieures à celles contestées, il fera la clôture partielle de l'ordre, en procédant comme il est dit à l'article 762.

ARTICLE 766.

Après le rapport du commissaire à l'audience, les parties ou leurs défenseurs pourront, si le tribunal le juge utile, présenter des observations verbales.

Ensuite le ministère public sera entendu dans ses conclusions.

Le jugement, qui interviendra, contiendra les qualités et les conclusions des parties, telles qu'elles ont été prises sur le procès-verbal, le résumé du rapport, les conclusions du ministère public, et la liquidation des dépens, s'il est statué définitivement.

En cas d'interlocutoire, les parties feront retour à l'audience, sans écritures nouvelles sur le procès-verbal, en procédant de la manière prescrite au Titre XXIV du livre I du présent code.

ARTICLE 767.

L'appel ne sera reçu, s'il n'est interjeté dans les dix jours de la signification du jugement aux Avoués qui ont fait des dires sur le procès-verbal, ou aux parties mises en cause qui n'en ont pas constitué, outre un jour par 3 myriamètres de distance du domicile réel des parties ; il contiendra assignation libellée, à peine de nullité.

ARTICLE 768.

L'Avoué du créancier dernier colloqué pourra être intimé s'il y a lieu.

ARTICLE 769.

Il ne sera signifié sur l'appel que des conclusions motivées de la part des intimés ; et l'audience sera poursuivie sur un simple acte d'Avoué, sans autre procédure.

Article 770.

L'arrêt contiendra liquidation des frais ; les parties qui succombe-ront sur l'appel seront condamnées aux dépens, sans pouvoir les répéter.

Article 771.

Après le délai de l'appel, ou, en cas d'appel, après la signification de l'arrêt, l'expédition ou la copie signifiée du jugement ou de l'arrêt sera déposée au greffe du tribunal, avec les pièces à l'appui, par l'A-voué le plus diligent. Ce dépôt sera constaté, comme il est dit à l'ar-ticle 756, et le commissaire procédera immédiatement à la clôture de l'ordre et à la confection de l'état définitif.

Article 772.

Les frais de l'Avoué, qui aura représenté les créanciers contestans, seront colloqués par préférence à toutes autres créances, sur ce qui restera de deniers à distribuer, déduction faite de ceux qui auront été employés à acquitter les créances antérieures à celles contestées.

Article 773.

L'arrêt, qui autorisera l'emploi des frais, prononcera la subrogation au profit du créancier sur lequel les fonds manqueront, ou de la partie saisie et venderesse. L'exécutoire énoncera cette disposition, et indi-quera la partie qui devra en profiter.

Article 774.

Dans la huitaine de la date de l'état définitif, il pourra être formé op-position à la délivrance de l'ordonnance de radiation au poursuivant, et des bordereaux de collocation aux créanciers utilement colloqués, si la liquidation contient des erreurs de calcul, ou si le commissaire a omis de remplir l'une ou l'autre des prescriptions de l'article 762.

L'opposition sera faite par un simple dire sur le procès-verbal, sans autres écritures ni formalités.

Article 775.

Dans la huitaine suivante, le tribunal statuera, en chambre du conseil, sur le rapport verbal du commissaire. S'il y a lieu à rectification, elle sera faite par le jugement qui interviendra.

Ce jugement ne sera ni levé, ni susceptible d'aucun recours. Le dispositif en sera transcrit, sur le champ, à la suite du procès-verbal du commissaire, auquel il servira de complément. Les membres du tribunal, qui auront concouru au jugement, signeront ledit procès-verbal, avec le commissaire et le Greffier.

Article 776.

Dans la huitaine, qui suivra le délai de l'opposition, ou la date du jugement, s'il y a eu opposition, le Greffier délivrera, à l'Avoué poursuivant, l'ordonnance de radiation et le bordereau pour les frais de poursuite et de greffe, et à chaque créancier, utilement colloqué, le bordereau de collocation exécutoire contre l'acquéreur.

L'ordonnance et les bordereaux auront le nombre de rôles déterminé par la liquidation, conformément à l'article 762, et remplaceront l'expédition du procès-verbal du commissaire, qui ne sera levé sous aucun prétexte.

Sur le registre de discipline, mention sera faite, par le Greffier, de la date de la délivrance de l'ordonnance et des bordereaux, ainsi que du nombre de rôles employés à chacun. L'Avoué poursuivant mentionnera pareillement, sur ce registre, la date et le nombre des radiations, qu'il aura opérées au bureau des hypothèques, en vertu de l'ordonnance de radiation.

Article 777.

Le Conservateur radiera les inscriptions, comprises dans l'ordonnance de radiation, sur la présentation et la remise qui lui en sera faite par l'Avoué poursuivant, et celles des créanciers utilement colloqués au fur et à mesure que les bordereaux, portant la mention du paiement, lui seront remis par les acquéreurs.

Article 778.

Si l'un ou l'autre des créanciers colloqués n'est pas payé par les acquéreurs, indiqués à l'état de collocation définitive, conformément à l'article 762 n° 4, et prétend avoir droit au rapport d'autres collocations, il se pourvoira, par action nouvelle, sans préliminaire de conciliation, devant le tribunal, où les immeubles sont situés, et où le prix a été distribué.

ARTICLE 779.

Dans la procédure d'ordre, réglée par le présent Titre, pourront intervenir, avant sa clôture, par voie de production et de demande en collocation subsidiaire, les *créanciers* des créanciers inscrits sur l'immeuble, dont le prix se distribue. Le commissaire, chargé de l'ordre, comprendra, dans ce cas, dans son travail, les demandes en collocation ci-dessus, et procédera, par forme de distribution par contribution, en cas d'insuffisance de la collocation principale.

Belfort, Imprimerie de J^h CLERC.